I0052615

R . 3371.
F. 2.

(C)
ā consura

24665

PRINCIPES

D'ECONOMIE POLITIQUE.

3779

R

24665

Décret concernant les Contrefacteurs, rendu le 19 Juillet 1793, l'An II de la République.

La Convention nationale, après avoir entendu le rapport de son Comité d'Instruction publique, décrète ce qui suit :

Art. I. Les Auteurs d'écrits en tout genre, les Compositeurs de Musique, les Peintres et Dessinateurs qui feront graver des Tableaux ou Dessins, jouiront durant leur vie entière du droit exclusif de vendre, faire vendre, distribuer leurs Ouvrages dans le territoire de la République, et d'en céder la propriété en tout ou en partie.

Art. II. Leurs héritiers ou Cessionnaires jouiront du même droit durant l'espace de dix ans après la mort des auteurs.

Art. III. Les Officiers de Paix, Juges de Paix ou Commissaires de Police seront tenus de faire confisquer, à la réquisition et au profit des Auteurs, Compositeurs, Peintres ou Dessinateurs et autres, leurs Héritiers ou Cessionnaires, tous les Exemplaires des Editions imprimées ou gravées sans la permission formelle et par écrit des Auteurs.

Art. IV. Tout Contrefacteur sera tenu de payer au véritable Propriétaire une somme équivalente au prix de trois mille exemplaires de l'Edition originale.

Art. V. Tout Débitant d'Edition contrefaite, s'il n'est pas reconnu Contrefacteur, sera tenu de payer au véritable Propriétaire une somme équivalente au prix de cinq cents exemplaires de l'Edition originale.

Art. VI. Tout Citoyen qui mettra au jour un Ouvrage, soit de Littérature ou de Gravure dans quelque genre que ce soit, sera obligé d'en déposer deux Exemplaires à la Bibliothèque nationale ou au Cabinet des Estampes de la République, dont il recevra un reçu signé par le Bibliothécaire ; faute de quoi, il ne pourra être admis en justice pour la poursuite des Contrefacteurs.

Art. VII. Les Héritiers de l'Auteur d'un Ouvrage de Littérature ou de Gravure, ou de toute autre production de l'esprit ou du génie qui appartiennent aux Beaux-Arts, en auront la propriété exclusive pendant dix années.

Je place la présente Edition sous la sauve-garde des Loix et de la probité des Citoyens. Je déclare que je poursuivrai devant les Tribunaux tout Contrefacteur, Distributeur ou Débitant d'Edition contrefaite. J'assure même au Citoyen qui me fera connoître le Contrefacteur, Distributeur ou Débitant, la moitié du dédommagement que la Loi accorde. Les deux exemplaires, en vertu de la loi, sont déposés à la Bibliothèque nationale. Paris, ce 2 vendémiaire, an X de la République Française.

PRINCIPES

D'ÉCONOMIE POLITIQUE,

OUVRAGE COURONNÉ PAR L'INSTITUT NATIONAL,

Dans sa Séance du 15 Nivôse an IX (5 *Janvier* 1801);

Et depuis

Revu, corrigé et augmenté par l'Auteur.

PAR N. F. CANARD,

Ancien Professeur de Mathématiques à l'École Centrale de Moulins.

Discite justitiam moniti.

A PARIS,

Chez F. Buisson, Imprim.-Libraire, rue Hautefouille, n° 20.

AN X (1801)

On trouve chez le même Libraire :

Recherches sur la Nature et les Causes de la Richesse des Nations; traduites de l'anglais de *Smith*, sur la quatrième et dernière édition anglaise; par *A. Roucher*. Seconde édition, revue et considérablement corrigée, augmentée d'une Table alphabétique raisonnée, très-ample. 5 vol. *in-8°*. 22 francs.

AVANT-PROPOS.

CERTAINS Économistes ayant établi pour principe que la terre produit tout, et qu'elle est la source unique de toute la richesse d'un Pays agricole, ils en ont conclu que toute espèce d'Impôt devait retomber sur la terre, et que c'était par conséquent elle seule qu'il fallait imposer.

L'importance de cette Question a déterminé l'Institut à proposer, pour le Prix du 15 nivôse an IX, d'examiner *s'il est vrai que, dans un Pays agricole, toute espèce d'Impôt retombe sur les Propriétaires Fonciers.* Pour découvrir l'erreur qui avait donné lieu à cette conséquence, j'ai considéré qu'il fallait remonter aux principes de l'Économie Politique, et analyser les sources productives de la richesse. La solution de la Question proposée s'est trouvée

A

former un chaînon de la suite des conséquences que l'analyse a développées.

L'Institut ayant couronné le fruit de
mon travail, j'ai cru devoir le donner
au Public, augmenté de nouveaux dé-
veloppemens. Quoique mon premier
but fût de résoudre une simple Question d'Economie Politique, le nouveau
point de vue sous lequel j'ai considéré
la source de la Richesse, m'a entraîné
dans une suite de conséquences qui servent à résoudre les différentes questions de cette science importante. Voilà
pourquoi j'ai donné à mon Ouvrage,
ainsi développé, le titre de *Principes
d'Economie Politique.*

Si le fruit de mon travail peut être
utile à mon Pays, j'en aurai retiré la
récompense la plus flatteuse.

PRINCIPES

D'ÉCONOMIE POLITIQUE.

CHAPITRE PREMIER.

DES SOURCES DE RENTES.

(1) LA Nature, en donnant à tout être sensible des besoins et des facultés, a voulu qu'il travaillât à sa conservation, et lui en a donné en même temps les moyens. Les besoins de l'animal se bornent à manger la nourriture que la Nature lui a préparée, et son travail se borne à la chercher.

Tel est l'homme dans l'état sauvage : son travail se borne à la chasse ou à la recherche de ce qui lui est nécessaire pour sa nourriture, et il passe le reste de son temps dans l'oisiveté. Mais il a reçu, de plus que l'animal, le désir des jouissances superflues, et l'intelligence nécessaire pour se les procurer. Ainsi ce n'est qu'à son activité et à son travail qu'il doit cette grande différence qui sépare l'homme civilisé de l'homme naturel ou du sauvage.

(2) Il faut donc distinguer dans l'homme le travail nécessaire à sa conservation, et le travail superflu ; ce dernier procure ou donne droit à une jouissance superflue qui lui est proportionnée. Si tous les hommes avaient les mêmes inclinations et les mêmes facultés, leurs travaux et leurs jouissances seraient les mêmes. Mais il n'en est pas ainsi : l'homme économe et actif fait plus de travail qu'il n'en dépense en jouissances ; il lui reste donc une accumulation de travail superflu, qui lui donne droit à une quantité proportionnée de jouis- sances, ou, ce qui revient au même, qui lui donne droit d'exiger, pour sa jouissance, un travail égal à celui qu'il a fait. Ainsi l'homme naturel, qui a employé ses instans de repos à préparer des arcs ou des flèches, ou à cons- truire pour les autres des cabanes, etc. a acquis le droit de commander à ceux pour qui il a travaillé, un travail égal à celui qu'il a fait pour eux. C'est ainsi que l'activité des uns et la faiblesse des autres ont accumulé, dans un certain nombre de mains, la plus grande partie du travail exigible, qu'on ap- pelle *richesses*.

S'il fallait aux hommes tout le travail dont ils sont capables pour se nourrir et pour ne

pas mourir de faim, personne ne pourrait
faire de travail superflu, personne ne pourrait faire le travail d'un autre, sans que celui-
ci ne fît le sien, personne ne pourrait donc
être en avance de travail, ni accumuler aucune somme de travail exigible.

(3) Ce n'est qu'en amassant une quantité
de travail superflu, que l'homme a pu sortir
de l'état sauvage, et se créer successivement
tous les arts, toutes les machines et tous les
moyens de multiplier le produit du travail en
le simplifiant. Il a fallu au premier qui a cul-
tivé un champ, une provision de travail superflu exigible, pour en tenter le défrichement, pour commander et exécuter le travail
nécessaire à la culture, et pour attendre la
récolte.

La terre n'a été cultivée que parce que son
produit a pu compenser, non-seulement le
travail annuel de la culture, mais encore dé-
dommager des avances de travail qu'il en a
coûté pour la défricher. C'est ce superflu qui
forme la rente de la terre, ou son produit net.
Ainsi la rente de la terre n'est autre chose
que la rente d'une somme de travail superflu,
qui lui a été appliquée pour l'acquérir ou pour
la défricher. La terre qui n'a subi aucun tra-

vail, n'a pu, dans le principe, avoir aucune valeur, et son produit spontané n'en a pu avoir aucune également. La terre est comme toutes les autres espèces de propriétés ; leur valeur n'est que celle du travail superflu qui leur a été appliqué. C'est en consacrant l'accumulation de leur travail superflu à mille tentatives différentes, que les hommes ont inventé toutes les machines et tous les moyens de simplifier le travail en multipliant les jouissances ; les rentes qu'ils en retirent les dédommagent des avances de leur travail et du risque qu'ils ont couru de les perdre par des tentatives infructueuses. Voilà l'origine de toutes les rentes et de toutes les propriétés, qui ne sont absolument que des accumulations de travail superflu.

En général, tout ce qui a une valeur parmi les hommes, ne doit son prix qu'aux différens travaux qui lui ont été appliqués. Par exemple, si je retranche de ma montre, par la pensée, tous les travaux qui lui ont été successivement appliqués, il ne restera que quelques grains de minérai placés dans l'intérieur de la terre d'où on les a tirés, et où ils n'ont aucune valeur. De même, si je décompose le pain que je mange, et que j'en retranche successivement tous les travaux successifs qu'il a reçus, il ne restera dans la pensée que quelques tiges d'herbes graminées, éparses et confondues dans des déserts incultes avec d'autres herbes qui différeraient autant de l'épi de blé, que le chardon diffère de l'artichaut, et que toutes les plantes améliorées par la culture diffèrent des plantes sauvages ; ces tiges de blé sauvage n'auraient alors aucune valeur.

On voit, par exemple, combien un champ de blé recèle de travaux antérieurs, indépendamment du travail annuel de la culture.

Si de tout ce qui a de la valeur parmi les hommes, on retranchait tous les travaux que les âges antérieurs y ont accumulés, il ne resterait plus qu'un sol inculte peuplé d'hommes sauvages et d'animaux qui se disputeraient les productions spontanées de la terre; il n'y aurait ni droits, ni propriétés, ni valeurs. Toute propriété foncière n'a donc de valeur qu'à raison de l'accumulation du travail qu'elle renferme, et sa rente n'est donc que ro duit de ce travail

Il y a des terres dont le produit net paraît bien supérieur à ce qu'il a dû en coûter de travail pour leur défrichement : telles sont les

forêts auxquelles l'homme semble n'avoir appliqué aucun travail antérieur, et qui ne donnent que le produit brut et spontané de la
terre sans culture ; d'où l'on pourrait croire
que la terre a une valeur intrinsèque, indépendamment de tout travail.

Mais il faut remarquer que toutes les sources
de rente créées par l'accumulation du travail,
ont eu des valeurs qui ont varié par le laps
des temps, à raison de mille circonstances.
Sans doute, dans l'origine, le produit net
d'une forêt n'a été que la rente du travail nécessaire pour la garantir des dommages cau-
sés par les hommes et les animaux, et pour
la rendre accessible ; il y a encore des forêts
dont la rente n'excède pas cette valeur, et
telle était celle qu'elles avaient dans la naissance des sociétés ; mais la multiplication des
hommes, le défrichement de la plus grande
partie des forêts, la proximité des villes et
mille autres causes, ont augmenté cette valeur primitive à raison du besoin et de la
concurrence. Par exemple, la différence du
produit d'un arpent dans le bois de Bou-
logne, à celui d'une même surface dans le
fond de la forêt des Ardennes, n'est due qu'à
la proximité d'une capitale immense. Mais s'il

est des rentes dont la valeur croît par des causes accidentelles, il en est d'autres dont la valeur décroît par d'autres circonstances, et finissent par avoir une valeur presque nulle, relativement à l'accumulation du travail qu'elles ont coûté. La valeur de toutes choses, comme on le verra ci-après, est déterminée par le besoin et la concurrence; par conséquent, les causes accidentelles qui font varier le prix des propriétés, n'empêchent pas que leur valeur primitive ne soit celle du travail qu'elles ont coûté. Rien ne détruit donc cette vérité : que toute propriété n'est autre chose que l'accumulation du travail qui a servi à la créer.

(4) Il est une seconde manière de convertir en rente une provision de travail superflu exigible. La plupart des hommes qui ont peu de richesses ou une accumulation de travail superflu peu considérable, l'emploient à acquérir la connaissance d'un art ou d'un métier quelconque, qui devient pour eux une propriété de même nature qu'une propriété foncière. Celui qui l'a acquise a mis ses n 'es en valeur, comme le propriétaire d'un champ en a fait l'acquisition, en sacrifiant une quantité de travail superflu exigible, soit pour l'acheter, soit pour le défricher. Le fonds d'un

individu qui possède un art, est sa personne elle - même. Il faut donc distinguer dans l'homme deux espèces de travaux ; savoir, le *travail naturel* et le *travail appris.* Le premier est celui que l'homme fait avec ses seules forces naturelles, et qui n'a exigé aucun apprentissage préliminaire. Le second, outre le salaire du travail naturel qu'il renferme, doit produire la rente des fonds qu'on a sacrifiés pour acquérir la connaissance de l'art ou du métier. Ainsi un tailleur de pierre et un statuaire font à peu près le même travail naturel. Le surplus du produit du travail du second est non-seulement à raison des fonds qu'il a mis pour apprendre son art, mais, en second lieu, à raison de son habileté plus ou moins grande, comme un champ fertile avec la même culture produit plus qu'un champ stérile ; en troisième lieu, à raison du risque qu'il a couru de ne pas réussir dans l'art qu'il a voulu acquérir. Toutes les fois qu'un art ou un talent est de nature à avoir un grand nombre de concurrens qui échouent, il arrive que la perte qu'ils font est au profit de celui qui réussit.

Indépendamment de ces causes qui contribuent à augmenter la rente du travail appris , cette rente, considérée relativement à la rente des propriétés foncières, doit encore rapporter à raison de sa plus courte durée : la rente d'un champ dure toujours, la rente d'un art quelconque ne dure qu'un certain temps de la vie de celui qui le possède ; elle finit ordinairement par la vieillesse, elle est interrompue par la maladie. Ce sont toutes ces causes réunies, qui rendent la rente du travail appris incomparablement plus considérable que la rente d'un champ, relativement à la quantité de travail superflu exigible qu'il a fallu sacrifier pour acquérir l'un ou l'autre. C'est par la même raison que la rente d'une vigne est plus considérable que la rente d'un pré, parce que la vigne a besoin d'être replantée après un certain temps.

J'appellerai *rente industrielle*, la rente du travail appris ; et *rente foncière*, celle qui est le résultat du travail superflu appliqué à la terre, ou à tout autre établissement fixe.

(5) Toutes les productions du travail, émanées des deux premières sources de rentes, ont besoin d'être distribuées, pour aller satisfaire à tous les besoins partiels des individus. Il faut donc une troisième classe de propriétaires, qui emploient l'accumulation

de leur travail superflu exigible à les acquérir, pour les répandre par-tout où le besoin
les demande; c'est ce que fait le *commerce*.

Le commerce suppose donc, comme les
deux autres sources de rentes, une accumulation de travail superflu, qui doit par conséquent produire une rente. Indépendamment
de la provision de travail superflu, ou des
fonds d'avance nécessaires pour acquérir les
marchandises à vendre, les opérations du
commerce exigent, 1°. du travail naturel,
2°. du travail appris; car elles supposent différentes connaissances acquises; 3°. elles ex-
posent à des risques. Le produit du commerce doit donc croître à raison de toutes ces
causes. La portion de son produit, qui est à
raison seulement des avances de fonds qu'il
exige, est la rente ou le produit net du commerce : c'est ce qu'on appelle intérêt de l'argent, et ce que j'appellerai *rente mobilière*,
par opposition à la *rente foncière*.

Presque toutes les sources de rentes foncières exigent des fonds d'avance pour les
faire valoir; le produit net de ces fonds forme
également des rentes mobilières. Souvent le
propriétaire foncier cède à un fermier le produit du travail industriel de la culture, se ré-

serve seulement le produit net, ou la rente
des fonds qu'il a fallu sacrifier à l'acquisition
de la propriété. De même le propriétaire d'une
richesse mobilière s'en réserve la rente ou
le produit net, et cède à d'autres tout le produit industriel, en prêtant sa richesse mobilière moyennant un intérêt : c'est ce qui fait
la rente ou l'intérêt de l'argent ; de sorte que
celui qui emprunte des fonds à intérêt pour
mettre en valeur son industrie, est le fermier
du propriétaire mobilier.

Ainsi toutes les rentes que peut produire
l'accumulation du travail superflu exigible,
se réduisent donc à trois : 1º. la rente foncière, 2º. la rente industrielle, 3º. la rente
mobilière.

(6) Il s'agit maintenant de déterminer le
rapport du produit de ces trois espèces de
rentes, ou plus généralement le rapport des
avantages qu'elles procurent. Tout individu
qui veut convertir en rente une quantité quelconque de travail superflu exigible, cherche
laquelle des trois sources dont on vient de
parler lui sera plus avantageuse : c'est celle-là
qu'il choisit ; et c'est ce qui établit l'équilibre
entre les avantages des trois sources de rente.
Si l'on supposait un instant où l'une des trois

fût plus avantageuse que les autres, la concurrence serait en sa faveur ; ce qui finirait
par diminuer son avantage, jusqu'à ce qu'il
fût en équilibre avec celui des autres. Par
exemple, si la rente de l'argent était plus
avantageuse que la rente de la terre, le nombre des prêteurs augmenterait, et le nombre
de ceux qui destinent leurs fonds à acquérir
ou à améliorer des propriétés foncières, diminuerait : la concurrence des prêteurs diminuerait bientôt l'intérêt de l'argent, jusqu'à
ce que l'équilibre fût établi entre l'avantage
de prêter son argent à intérêt, et celui d'acquérir ou d'améliorer des propriétés foncières.

Le même équilibre se répartit également
dans les différentes ramifications de chacune
des trois sources de rentes. Quand un père
veut faire apprendre un métier à son fils, il
recherche celui qui présente moins de concurrence et plus d'avantages, et c'est celui-là
qu'il choisit. Quand quelque branche de commerce ne présente pas assez d'avantages, à
cause du nombre de ses vendeurs, plusieurs
la quittent jusqu'à ce que la diminution de la
concurrence l'ait rendue aussi avantageuse
que les autres. C'est ainsi que, dans tous les

lieux et à chaque instant, tous les individus
contribuent à entretenir *l'équilibre* entre toutes les branches du travail, et par conséquent
entre les trois sources de rente ; de sorte
qu'on peut considérer ces trois sources et
toutes leurs ramifications, comme formant
un système de canaux qui se communiquent
tous entr'eux.

J'ai dit qu'il y a équilibre entre les avantages, et non pas entre les produits pécu-
niaires des différentes sources de rentes. Il y
a des branches de travail industriel moins
lucratives que d'autres, mais dont le travail
est plus agréable, ou est exposé à moins de
risques, etc. Tout cela compensé l'un par
l'autre, forme une somme d'avantages ; et c'est
relativement à ces avantages, qu'il y a équilibre entre les trois sources de rentes et leurs
ramifications ; c'est-à-dire que la somme d'a-
vantages fournis par une source de rente, est
toujours proportionnée à la somme du travail
superflu exigible qui l'a créée.

L'équilibre des trois sources de re   e st
la base de l'économie politique : c'est à ce
principe que se ramènent toutes les questions
de cette science importante.

(7). Les trois sources de rentes, en produisant constamment du travail superflu exigible ou de la richesse, en supposent la consommation. J'appelle *luxe* cette consommation superflue. Ainsi le luxe est la consommation de tout le travail superflu exigible qui n'est pas nécessaire à la conservation de l'homme. Il est donc proportionné à la somme du travail superflu qui se produit dans un état : donc, toutes choses égales d'ailleurs, le luxe doit être plus considérable chez un peuple actif et laborieux, que chez une nation paresseuse.

Si la consommation du travail superflu est égale au produit des trois sources, la richesse de la nation n'augmente ni ne diminue, et la somme des rentes reste toujours la même : si la quantité de travail superflu exigible qui se consomme, est moindre que celui que les rentes produisent, ce surplus non consommé sert à augmenter les sources productives. Tout travail qui sert à créer une source de rente, ou à l'augmenter, peut s'appeler *travail productif :* si, au contraire, le luxe absorbe plus de travail superflu exigible que les rentes n'en produisent, il faut que le surplus de la consommation soit pris sur le travail qui sert à l'entretien de ces sources, ce qui les diminue de jour en jour. La dépense du

travail

travail superflu exigible suit la même règle pour une nation que pour un individu : si celui-ci ne dépense pas tout son revenu, il l'augmente ; il le diminue, au contraire, s'il dépense au-delà. On dit vaguement que le luxe enrichit un grand état : un grand luxe chez une grande nation, suppose une grande richesse, mais ne la fait pas ; de même le grand train que mène un individu, suppose tout au plus qu'il est opulent, mais ne sert pas à l'enrichir.

(8) Quoiqu'il y ait équilibre entre les trois sources de rente et toutes leurs ramifications, comme on vient de le voir, tous les individus n'en obtiennent pas pour cela un avantage égal. Ainsi le peintre dont les productions attirent l'admiration des connaisseurs, tire un grand avantage de son talent, et des fonds qu'il y a sacrifiés pour l'apprendre ; mais dans cette classe, comme dans toutes les autres, il y en a un certain nombre dont les facultés trop faibles retirent si peu d'avantage de leur art ou de leur métier, qu'ils sont incertains s'ils doivent le quitter pour en embrasser un autre : ceux-là forment *les extrémités* de chaque branche. Ainsi les extrémités de toutes les branches qui appartiennent à la rente fon-

cière , sont composées de toutes les propriétés de mauvaise nature , dont les réparations
et les impositions absorbent presque tout le
revenu. Lorsqu'il survient un nouveau désavantage à quelque branche , elle diminue et
se raccourcit par la suppression de ses extrémités : par exemple , qu'une cause quelconque vienne à diminuer la consommation
de la soie , les propriétaires des mûrières les
moins productives , ou plus susceptibles d'une
autre culture , les arracheront. Si , au contraire , la consommation venait à augmenter ,
il se planterait de nouvelles mûrières ; et , dans
ce cas , la branche de la culture de la soie
augmenterait.

Le grand réservoir du luxe ou de la consommation superflue , peut être aussi considéré comme un système de branches qui sont
susceptibles de diminuer ou de se raccourcir
par leurs extrémités. Par exemple , la branche des consommateurs de vin est d'abord
composée d'individus assez opulens pour en
boire toujours , qu'il soit cher ou à bon marché , et ses extrémités sont composées de ceux
qui ne peuvent en boire que quand il est à
bon marché ; quand il devient cher , ils boi-
vent de l'eau : alors cette branche de con-

sommation diminue, et ses extrémités disparaissent.

La branche de la consommation nécessaire
a aussi son extrémité, qui contient tous les
pauvres, les misérables, tous ceux qui, par
une constitution trop faible ou dépravée, peuvent à peine gagner ce qui est absolument
nécessaire pour ne pas mourir de faim, en
employant toute la force dont ils sont capables; ceux-là ne peuvent plus opter qu'entre
la mort et leur triste état : ainsi toute cause
accidentelle qui diminue cette branche, la fait
périr de faim ou de misère.

C'est cette malheureuse classe qui compose
la limite de la population : la force reproduc-
tive de l'espèce humaine n'a de bornes que
la guerre ou la misère, qui arrête ses progrès.

Dans les pays où les états sont plus divisés,
et où les hommes ont beaucoup d'énergie et
de valeur, la population est limitée par la
guerre beaucoup plus que par la faim : tels
sont les différens peuples de l'Europe. Mais
la Chine, qui forme une masse d'hommes pro-
digieuse que la guerre éclaircit rarement, n'a
sa population limitée que par la misère : aussi,
d'après les relations des voyageurs, elle y est
extrême et affreuse; une diminution dans la

récolte, laisse tout-à-coup sans nourriture une foule de misérables qui périssent de faim et d'inanition.

On voit donc d'abord que les trois sources de rente forment un système de ramifications, et que la masse entière de la consommation forme un autre système de ramifications qui lui est analogue. Lorsque les extrémités des branches de la consommation diminuent, il faut que les branches des sources de rente diminuent de même, et réciproquement. Ainsi les extrémités des branches de ces deux systèmes coïncident entr'elles, de manière à croître et à décroître simultanément. La dépendance mutuelle de ces deux systèmes de branches, ressemble assez au système des veines et des artères.

(9) Je résume maintenant tout ce qui a été dit dans ce chapitre.

1°. Ce n'est que par un travail fait qu'on acquiert le droit de commander un autre travail de même valeur. On acquiert *du travail exigible.*

2°. Il faut distinguer dans l'homme le travail nécessaire et le travail superflu ; le premier est celui qui lui est nécessaire pour sa conservation, et qu'il doit absolument consommer ; le second est celui qu'il peut accumuler ou consommer en jouissances superflues.

3°. C'est l'accumulation du travail superflu exigible non consommé par le luxe), qui a servi à créer toutes les sources de rentes.

4°. Il faut distinguer dans toute source de rentes, comme dans l'homme, un travail nécessaire, c'est celui qu'elle consomme pour son entretien, sa conservation, et pour l'exploitation de son produit. Le reste de ce produit est ce qui constitue la rente de travail superflu exigible qu'elle procure, ou son produit net.

5°. Tout ce qui a de la valeur parmi les hommes, tout ce qu'on appelle biens, richesses, propriétés, marchandises, etc. n'est que le résultat du travail superflu. C'est du *travail superflu exigible*.

6°. Tout travail nécessaire, soit à la conservation de l'homme, soit à l'entretien et l'exploitation des trois sources de rente, étant par sa nature toujours absorbé, ne peut jamais se réserver ni s'accumuler, il ne peut donc jamais faire partie de la masse des richesses existantes.

7°. *Le luxe* est la consommation de tout le travail superflu exigible. C'est dans ce ré-

servoir que coule constamment le produit
net des trois sources de rente, qui n'est pas
employé à les améliorer.

8°. Quand le luxe absorbe plus de travail
superflu exigible que les sources de rente n'en
produisent, les sources se détériorent et leur
produit diminue. Au contraire, leur produit
augmente, quand le luxe ne l'absorbe pas
tout entier.

CHAPITRE II.

DE LA MONNAIE.

(10) L E commerce qui fait circuler et répand
sur tous les besoins le produit de toutes les
espèces de travaux, ne peut se faire que par
une suite d'échanges. Dans l'origine, ces
échanges ont dû se faire d'abord immédiatement : celui, par exemple, qui avait du vin
de trop et qui voulait l'échanger pour du
blé, s'adressait au cultivateur, et ils conve-
naient entr'eux des quantités respectives qu'ils
devaient se donner l'un à l'autre : mais ces
sortes d'échanges étaient bien incommodes
dans une foule de circonstances ; celui qui
avait besoin d'échanger un bœuf pour plusieurs objets qui se trouvaient entre les mains
de différens individus, était forcé de l'échanger d'abord pour une autre espèce de marchandise qui pût se partager. On sent donc
la nécessité d'adopter une marchandise qui
pût servir de moyen d'échange, et rien ne
parut plus propre à remplir cet objet que les
métaux. On peut les diviser en autant de

parties que l'on veut, toutes homogènes ;
leur valeur, plus uniforme et plus constante
que la plupart des autres marchandises, ne
varie que d'une manière insensible, par rapport à la différence des lieux ; et les changemens qu'elle éprouve par le temps, ne se
font sentir que par une longue suite d'années.
En outre, la grande quantité de travail que
contient une masse peu considérable d'or et
même d'argent, rend très-facile le transport
de ce moyen d'échange. Toutes ces propriétés
ont dû faire préférer les métaux à toute autre
espèce de marchandise.

Les hommes n'ont pas dû commencer à
fabriquer de la monnaie avec ces métaux ; on
n'eut recours à ce moyen que pour garantir
leur degré de pureté : mais cette convention
ne leur a pas donné une valeur de plus ; le
métal monnoyé est une marchandise déclarée
de bon aloi par l'effigie qu'elle porte. Il
ne faut donc pas regarder la monnaie comme
le signe représentatif de toutes choses ; un
écu renferme autant de travail ou autant de
valeur intrinsèque, que la quantité de denrée
pour laquelle on l'échange. Les métaux n'ont
été adoptés comme moyen d'échange, que
parce qu'ils avaient un usage et une valeur

indépendante et étrangère à l'échange, et ce n'est qu'à raison de cette valeur qu'ils ont servi de marchandise intermédiaire pour échanger les autres ; ainsi la valeur de la monnaie n'a rien du tout de conventionnel. Je ne regarde pas comme valeur conventionnelle le droit de huit pour cent qu'on perçoit en France sur la fabrication des monnaies ; c'est un impôt qui n'ajoute rien à sa valeur quand il s'agit d'échange de nation à nation : en Angleterre l'argent monnoyé est exempt de cet impôt. Au reste, l'expérience de tous les temps a appris le sort qu'ont eu toutes les monnaies purement conventionnelles imaginées par les gouvernemens.

CHAPITRE III.

DE LA DÉTERMINATION DU PRIX DES CHOSES.

(11) IL s'agit maintenant de déterminer ce qui fixe le prix de ce qui a de la valeur parmi les hommes. D'abord, le prix n'est autre chose que le rapport de valeur d'une chose à une autre ; et comme on compare tout à la valeur de l'or ou de l'argent, le prix est le rapport de la valeur de chaque chose à celle d'une quantité déterminée de l'un ou de l'autre de ces métaux. Or, maintenant, quelle est la cause que peuvent déterminer ces différens rapports ; ou, ce qui revient au même, quel est le principe qui assigne à chaque chose sa valeur ? Il est certain d'abord que, puisque tout ce qui a du prix est le résultat du travail, la valeur d'un objet quelconque doit être en raison du travail qu'il a coûté. Il est certain, en second lieu, que, si tous les hommes étaient bornés aux besoins absolus de leur conservation, si tout leur travail

était naturel, et qu'il ne différât que par le temps, ce serait là durée seule du travail qui en mesurerait la valeur : ainsi les jours et les heures seraient les unités et les fractions d'unités nominales qui détermineraient les valeurs de toutes choses. C'est probablement à de semblables divisions de temps que doivent leur première origine les unités nominales adoptées chez les différens peuples, telles que le franc, la livre sterling, le florin, etc. Mais les différentes espèces de travail appris présentent une si grande variété dans la valeur du travail, que le temps ne peut lui servir de mesure.

(12) Pour assigner la cause générale qui détermine le prix de toutes choses, il faut analyser les principes de la conduite habituelle des hommes dans toutes leurs transactions. D'abord, il faut regarder comme un fait, que tous les individus tendent à se procurer le plus de jouissances possibles, et à s'attribuer par conséquent la plus grande quantité possible de travail superflu exigible ou de richesses ; tout vendeur tend donc à assigner au prix de son travail et de son industrie, la plus grande valeur qu'il peut. Mais en vertu de cette même tendance, l'acheteur, sans

avoir égard au travail de son vendeur, cherche
à acheter sa marchandise au plus bas prix
possible ; et ce n'est que le désir ou le besoin
de cette marchandise, qui le porte à en offrir
un prix qu'il croit suffisant pour déterminer
le vendeur à la lui céder : d'un autre côté ,
le vendeur ne limite la valeur qu'il veut assigner à sa marchandise, que par le désir
qu'il a de la vendre. C'est donc entre le besoin de l'acheteur et le besoin opposé du vendeur , que commence à se déterminer la
valeur des choses.

Je considère donc les vendeurs et les acheteurs réunis dans un marché ; il y aura nécessairement une différence entre le prix demandé par les premiers et le prix offert par
les seconds. Cette différence du plus haut
au plus bas prix, formera une latitude sur
laquelle s'exercera la lutte des vendeurs et
des acheteurs. Les premiers profiteront de
toutes leurs forces ; c'est-à-dire du besoin et
de la concurrence des acheteurs, pour leur
faire payer la plus grande partie de cette
latitude ; et les acheteurs profiteront de leur
côté du besoin des vendeurs et de leur concurrence , pour ne payer de cette latitude
que la plus petite partie possible.

(13) Cela posé, soit L cette latitude, x la partie de la latitude que les vendeurs veulent ajouter au plus bas prix, $L - x$ sera la portion que les acheteurs voudront retrancher : soit B le besoin des acheteurs, N leur concurrence ; b le besoin des vendeurs, n leur concurrence. Il est clair que la portion x de la latitude payée par les acheteurs, croîtra à proportion de leur besoin et de leur concurrence: x sera donc en raison composée de B et de N, ou croîtra comme BN ; par la même raison, l'autre partie $L - x$ croîtra comme bn : on aura donc la proportion $x : BN :: L - x : bn$, qui donne l'équation $bnx = BN(L - x)$. Dans cette équation, la quantité bn, qui représente le besoin et la concurrence des vendeurs, fait la force des acheteurs ; et réciproquement la quantité BN, qui représente le besoin et la concurrence des acheteurs, fait la force des vendeurs. Ainsi l'on voit que la force des acheteurs, multipliée par la portion de la latitude que les vendeurs leur font payer, est égale à la force des vendeurs, multipliée par l'autre portion que les acheteurs rejettent sur eux.

Chacun de ces deux produits exprime la détermination de chacun des deux contrac-

tans. Quand ces deux déterminations sont
égales, il faut qu'ils concluent ; et voici comment il faut considérer qu'elles aboutissent à
l'égalité. Tout vendeur pèse la détermination
de son acheteur, et la compare à la sienne :
s'il sent que la sienne est plus faible, il attend
son adversaire ; mais s'il sent au contraire
que la détermination de l'adversaire est la
plus faible, il diminue quelque chose de son
prix. Par cette diminution, la détermination
de l'acheteur augmente, et celle du vendeur
diminue : ces deux déterminations tendent
donc à se rapprocher. L'acheteur, de son
côté, en fait autant ; il pèse également la
détermination de son vendeur et la compera
à la sienne, et les offres qu'ils se font tendent toujours à égaliser les deux déterminations : quand les contractans sentent qu'il
y a égalité entr'elles, ils concluent, parce
qu'alors il n'y a plus de raison pour que l'un
attende l'autre.

Cette équation, que j'appellerai *équation
des déterminations*, exprime l'égalité *des
momens de deux forces opposées*, qui se
font équilibre. C'est au principe de l'équilibre
de ces deux forces que se rapporte toute
la théorie de l'économie politique, comme

c'est au principe de l'équilibre du lévier, que se rapporte toute la statique.

(14) On tire de cette équation $x = \dfrac{BN}{BN + bn} L$. Si l'on fait $bn = o$, on a $x = L$; c'est-à-dire que, si la concurrence des vendeurs est nulle, ou si leur besoin de vendre est le plus petit possible, les acheteurs paieront toute la latitude. Si au contraire on fait $BN = o$, on a $x = o$; c'est-à-dire que, si la concurrence ou le besoin des acheteurs est le plus petit possible, ils ne paieront rien de la latitude: d'où l'on voit que la latitude est la différence du plus haut au plus bas prix, qui s'étend entre le monopole des vendeurs et le monopole opposé des acheteurs.

(15) Il s'agit maintenant de déterminer jusqu'où peut s'étendre cette différence, ou d'assigner les deux limites de la latitude. D'après ce qui a été dit, quand l'acheteur n'est pas restreint par la concurrence, il veut toujours acheter au plus bas prix possible: or, ce plus bas prix est le *salaire nécessaire* du tr qui a été appliqué à l'objet qu'il achète, c'est-à-dire un salaire, qui ne procure à celui qui le reçoit, que la faculté de se conserver sans aucune jouissance superflue. En effet, sup-

posons un instant que les acheteurs, n'étant pas restreints par la concurrence , puissent parvenir à payer le travail au-dessous du salaire nécessaire, qu'arrivera-t-il de-là ? ou les vendeurs de ce travail y renonceront ; ou , s'ils se trouvent forcés par la nécessité de le continuer , ils languiront : manquant de ce qui leur est nécessaire pour se conserver , leur nombre diminuera nécessairement par la misère ou autrement , et continuera de décroître jusqu'à ce que leur diminution renchérisse le travail, et procure au moins le salaire nécessaire. Ainsi le prix du travail au-dessous du salaire nécessaire , est donc un prix accidentel contre l'ordre des choses , et qui remonte toujours au moins à ce taux : donc *le salaire nécessaire du travail contenu dans un objet quelconque , est la limite naturelle de la diminution du prix de cet objet.*

Le salaire nécessaire étant le prix le plus bas de toute espèce de travail ; et le travail naturel étant le moins précieux de toutes les espèces de travaux , il s'ensuit que le salaire nécessaire est son prix le plus ordinaire. Ainsi le salaire nécessaire peut s'appeler aussi *le salaire naturel.*

Ce salaire ne se borne pas à faire vivre

l'ouvrir

l'ouvrier qui le gagne ; il faut qu'il lui procure
encore de quoi nourrir ses enfans, jusqu'à ce
qu'ils puissent travailler comme lui ; c'est-
à-dire qu'il doit suffire pour conserver au
moins dans le même degré de population
cette classe d'ouvriers, autrement leur nombre finirait par décroître : et par une conséquence nécessaire, ce salaire augmenterait jusqu'à ce qu'il devienne au moins suffisant.

Cette classe d'ouvriers était autrefois composée d'esclaves ; elle l'est encore dans bien
des endroits de la terre. Il a toujours été de
l'intérêt des maîtres de donner à leurs esclaves tout ce qui leur est nécessaire, non-
seulement pour les maintenir sains et vigoureux, mais encore pour conserver leur espèce.
Ce nécessaire, assigné par l'intérêt des maîtres
aux esclaves, est précisément ce qu'on doit
appeler salaire naturel ; il ne satisfait à aucun besoin superflu, mais il fournit à tous les
besoins que la nature a rendus nécessaires.
L'équilibre des choses a rendu ce salaire au
moins aussi avantageux aux ouvriers de-
venus libres, qu'il l'était autrefois aux esclaves par l'intérêt de leur maître, puisque
c'est ordinairement celle de toutes les classes
de la société qui multiplie le plus.

(16) Je viens maintenant à la seconde limite de la latitude ou au plus haut prix que le monopole puisse assigner aux choses. D'abord, si l'objet à vendre n'est pas pour le consommateur d'une nécessité absolue, on conçoit qu'à proportion que le vendeur veut en augmenter le prix, il diminue le nombre des acheteurs : ainsi, tandis qu'il gagne par l'augmentation du prix, il perd par la diminution de la vente. Il y a donc un point d'augmentation telle, qu'il perd autant d'un côté qu'il gagne d'un autre : ce point est la limite de la latitude pour le vendeur, parce que s'il voulait augmenter son prix au-delà, son gain diminuerait plutôt que d'augmenter.

Si l'objet à vendre est de nécessité absolue pour le consommateur, alors, comme son besoin ne peut se restreindre, il semblerait que, dans ce cas, le vendeur aurait contre lui une force infinie, et que l'augmentation de son prix n'aurait point de limite. Par exemple, un marchand de blé monopoleur pourrait vendre cette marchandise de première nécessité à un prix exorbitant, dans un pays où régnerait la disette. Dans ce cas, le prix serait limité par le salaire naturel de l'acheteur ; c'est-à-dire que la quantité de blé ou de

pain que consomme l'ouvrier naturel pour
vivre, ne peut pas avoir un prix qui excède
son salaire. Si le marchand voulait passer ce
terme, il arriverait, ou que le salaire augmenterait à proportion, ou que l'ouvrier naturel
se soulèverait pour ne pas mourir de faim.

Si l'acheteur n'acquérait l'objet que pour y
appliquer son travail et pour le revendre,
son plus haut prix serait celui qui réduirait
cet acheteur à ne retirer de son travail que
le salaire nécessaire ; au-delà de ce terme,
le vendeur ne pourrait plus trouver d'acheteurs, ou au moins cet ordre de choses ne
pourrait pas subsister. Ainsi, dans tous les
cas, le prix du vendeur-monopoleur a toujours sa limite, et c'est entre cette limite et
celle du vendeur-monopoleur, qu'est déterminée la latitude des prix.

(17) D'après ce qui vient d'être dit (14, 15),
le prix d'un objet quelconque est égal au salaire naturel du travail renfermé dans cet
objet, plus à la partie de la latitude $\frac{B \quad N}{B \quad N + b \quad n} L$,
qui fait le gain du vendeur. En appelant donc
P le prix, et S le salaire naturel, on aura, pour
l'équation des prix entre une seule branche

de vendeurs et une seule branche d'acheteurs,

$$P = S + \frac{BN}{BN+bn} L.$$

(18) Si de la latitude L on retranche la partie $\frac{BN}{BN+bn} L$, payée par l'acheteur, on aura pour reste $\frac{bn}{BN+bn} L$: c'est la portion que l'acheteur a retranchée de la latitude par sa résistance ; c'est ce qu'on peut appeler le gain de l'acheteur. Si l'effort BN du vendeur est nul, c'est-à-dire si l'on fait la concurrence ou le besoin des acheteurs $= o$, on a $P = S$, et le gain de l'acheteur $= L$. Si, au contraire, l'effort bn de l'acheteur $= o$, on a $P = S + L$, et le gain de l'acheteur est nul ; il faut qu'il paie toute la latitude.

Il est rare et il n'arrive jamais que les prix arrivent à ces deux limites ; car, toutes les fois, par exemple qu'un ouvrier voit que son salaire est trop restreint dans une branche de travail quelconque, il la quitte pour s'attacher, s'il se peut, à une branche plus lucrative. Ainsi le nombre des ouvriers de cette branche ingrate diminue de deux manières : 1°. parce qu'un certain nombre d'ouvriers l'abandonne ; 2°. parce que personne ne cherche

à l'embrasser ; il en résulte que le prix du travail augmente avant de parvenir à sa limite.

(19) Tout objet qui se vend renferme une
certaine quantité de travail naturel, puis une
certaine portion des trois sources de rentes
qui lui ont été appliquées. Dans l'équation
ci-dessus (17), S exprime la valeur du travail naturel, et la quantité $\dfrac{BN}{BN+bn} L$ exprime la valeur du produit des sources de
rentes qui lui ont été appliquées. Il n'y a donc,
dans la valeur des objets, que les produits
des trois sources de rentes qui soient le sujet
de la lutte des vendeurs et des acheteurs, et
qui puissent être absorbés par le monopole
des uns et des autres.

Pour éclaircir ceci par un exemple, je
suppose que le propriétaire-cultivateur d'une
vigne vende son vin à un consommateur,
dans le prix du vin exprimé par $S+\dfrac{BN}{BN+bn} L$,
la quantité S désignera tout le salaire naturel
de la main-d'œuvre pour la culture de l v ne
et la fabrication du vin ; et la quantité
$\dfrac{BN}{BN+bn} L$ exprimera : 1°. la rente de la vigne ; 2°. la rente des fonds qu'il a fallu avancer

pour sa culture ; 3°. enfin, la rente du travail appris qu'exigent cette culture et la fabrication du vin.

(20) Maintenant il est rare qu'un objet passe ainsi immédiatement dés mains du premier vendeur au consommateur : presque tous les objets, avant de parvenir au consommateur, ont passé entre les mains dé différens ouvriers-vendeurs, qui y ont appliqué leur travail ou le produit de leur rente. Cela posé, supposons qu'un objet sorte des mains d'une première branche de vendeurs avec une valeur exprimée par $S +$

$$\frac{BN}{BN+bn} L,$$ et qu'elle n'ait été acquise par les acheteurs que pour y appliquer à leur tour leur genre d'industrie, ceux-ci formeront une seconde branche de vendeurs : or, il est clair que le prix de leur travail se déterminera entr'eux et leurs acheteurs, comme il s'est déterminé entre les premiers vendeurs et leurs acheteurs. J'appellerai S' le salaire naturel de ce second travail, L' cette seconde latitude, B' le besoin des seconds acheteurs, N' leur concurrence; b' le besoin de ces seconds vendeurs, n' leur concurrence, on

aura, pour l'expression de la valeur de ce second travail, $S' + \dfrac{B'N'}{B'N' + b'n'} L'$.

Ce même objet passant entre les mains
d'une troisième branche de vendeurs, pour y
appliquer un troisième genre de travail ou
d'industrie, sa valeur sera exprimée par S''
$+ \dfrac{BN''}{B''N'' + b''n''} L'$, et ainsi de suite jusqu'au consommateur.

En récapitulant les prix successibles de
tous ces travaux, le prix total de l'objet sera
exprimé par la suite.

$$(a)\ P = S + \frac{BN}{BN + bn} L + S' + \frac{B'N'}{B'N' + b'n'} L'$$

$$+ S'' + \frac{B''N''}{B''N'' + b''n''} L'' + \text{etc.}$$ et les gains
des acheteurs ou la partie qu'ils auront re-
tranchée de leurs latitudes par leurs résistances, sera exprimée par la suite corres-
pondante. $(d)\ \dfrac{bn}{BN + bn} L + \dfrac{b'n'}{B'N' + b'n'} L'$

$$+ \frac{b''n''}{B''N'' + b''n''} L'' + \frac{b'''n'''}{B'''N''' + b'''n.} \quad L'''$$
$+$ etc.

Dans cette suite de travaux ou de rentes,
appliquées successivement, chaque branche
de vendeurs rembourse, en achetant l'objet,

le prix des travaux qui lui ont été déjà appliqués , puis fait payer aux acheteurs ces mêmes prix , et en outre le prix de sa propre industrie ; de sorte que le consommateur paie la somme de tous les travaux et de tous les produits de rente qui ont été appliqués à l'objet qu'il consomme.

Tous les efforts que font les différens acheteurs-vendeurs pour retrancher des latitudes les parties $\dfrac{b\,n}{B\,N + b\,n}\,L + \dfrac{b''n''}{B'\,N' + b'\,n'}\,L' +$ etc. de la seconde suite ci-dessous , ont en quelque sorte , pour point d'appui, la résistance du consommateur , et constituent son gain , parce que de toutes les latitudes L , L' , L'' etc. il ne paie que les parties $\dfrac{B\,N}{B\,N + b\,n}\,L +$ etc. qui sont les gains des vendeurs.

(21) Dans tout ce qui vient d'être dit , on a supposé toujours que le travail appliqué par les différentes branches des vendeurs , avait contribué à augmenter la valeur de l'objet, c'est-à-dire qu'on a supposé l'industrie toujours réelle ; et le gain qui est son produit a dû toujours être positif. Mais il arrive souvent qu'une industrie mal entendue applique à un objet un travail qui détériore sa valeur ,

au lieu de l'augmenter. Par exemple , je suppose que quelqu'un, par une fausse spéculation , fasse transporter du blé d'un pays où il est assez rare, dans un autre où il est plus abondant , ce travail mal appliqué diminuera la valeur de son blé au lieu de l'augmenter : son industrie est donc une cause négative , par rapport à l'accroissement de la valeur de sa marchandise ; la latitude qui en est le produit, doit donc être négative. Ainsi le prix du travail que le faux spéculateur a appliqué à son blé , sera exprimé par $S - \dfrac{BN}{BN+bn}L.$

Dans cette expression, la fonction $\dfrac{BN}{BN+bn}L$ de la rente industrielle est seule négative , parce que la fausse industrie est la seule cause qui diminue le prix du blé. Le salaire du travail naturel est un prix fixe, indépendant de l'industrie , et qui , n'étant point variable , n'est pas susceptible de devenir négatif. Si la fonction de la rente $\dfrac{BN}{BN+b}=S$, le prix ne sera ni augmenté, ni diminué; le spéculateur perdra la rente de ses fonds et de son industrie; et le prix du blé diminuera, si cette fonction est plus grande que S.

Le travail naturel par sa nature est étranger à la science qui le commande ou qui l'entreprend : il est censé toujours commandé. Par exemple, un cultivateur applique à son champ un travail manuel dans le dessein de l'améliorer : quoique ce travail ne suppose, pour son exécution, que l'exercice des bras, son salaire renferme deux parties : 1°. la rente de la science acquise qui fait entreprendre l'ouvrage, et dont la valeur $= \dfrac{BN}{BN+bn} B$; 2°. l'exécution purement manuelle, dont le salaire $= S$.

Ainsi la valeur de tout ouvrage entrepris renferme deux parties : 1°. le salaire naturel, 2°. la rente de l'industrie qui le fait entreprendre. Si cette industrie est réelle, elle ajoute au travail une valeur positive ; au contraire, si elle est fausse, elle ajoute au travail une valeur négative. Le prix de toute espèce de travail, de quelque nature qu'il soit, doit donc toujours avoir pour expression

$$P = S \pm \dfrac{BN}{BN+bn} L.$$

Quand le dernier terme de cette expression est négatif, il exprime la perte au lieu du gain. Ainsi la perte est un gain négatif : au reste, je supposerai dans la suite que l'industrie est toujours réelle, et toutes les valeurs positives.

Je ne chercherai point à déterminer ce qui constitue la valeur précise du salaire nécessaire. Elle a une certaine latitude qui empêche d'assigner un prix absolument fixe. Le salaire naturel est une large bande, dont une des lisières tient à la misère, et l'autre aux premières jouissances de la consommation superflue.

(22) Jusqu'à présent je n'ai considéré chaque branche de vendeurs que relativement à leurs acheteurs immédiats, et c'est en vertu de leurs efforts opposés, que j'ai déterminé le prix de chaque travail partiel appliqué à l'objet, sans avoir égard aux efforts des autres acheteurs-vendeurs : cependant les efforts des différentes branches d'acheteurs-vendeurs, depuis le premier vendeur jusqu'au consommateur, ont une relation entr'eux, qu'il s'agit de déterminer. Auparavant il est nécessaire de faire de ᵕ re-marques qui éclairciront ce qui a été dit.

On a vu ci-dessus (17), et on voit par la nature des formules qui expriment les prix, que, lorsque le besoin ou le désir *B* de l'ache-

teur était $= o$, le prix était $= S$. Il semblerait que ce prix devrait être nul; car, quand
ce besoin ou ce désir devient nul, il n'existe
plus alors aucune cause d'acheter.

Pour répondre à ceci, il faut remarquer
que tout homme a un désir général d'acquérir, et ce désir est susceptible d'une infinité
de degrés : à mesure qu'il croît, il consent à
donner un plus grand prix de la chose qu'il
veut, de sorte que le prix offert croît comme
son désir. Maintenant, tant que ce désir n'est
pas assez fort pour correspondre, ou pour
faire équilibre avec un prix qui paie le salaire
naturel du travail, il est ineffectif ou imaginaire, parce qu'il veut ce qui, selon l'ordre
des choses, ne peut pas être ; et comme on
ne considère ici que le désir raisonné et effectif, quand on dit que le désir de l'acheteur est
nul, on assigne le point où le désir général
cesse d'être imaginaire et commence à devenir effectif : c'est son premier degré infiniment petit, et c'est par les degrés qu'il acquiert de plus, que l'acheteur ajoute au salaire
naturel une nouvelle valeur qui fait le gain
du vendeur. Par exemple, celui qui veut se
procurer le service d'un domestique, doit
vouloir en même temps le nourrir; autrement

sa volonté serait imaginaire , et le premier
degré de volonté effective doit consentir à lui
payer son salaire naturel.

Quant aux acheteurs-vendeurs ou aux travailleurs - vendeurs , le désir de vendre ou
d'appliquer leur travail est nécessairement
mesuré par leur gain , et le premier degré
infiniment petit de ce désir , considéré comme
effectif , est déterminé par le salaire naturel
de leur travail.

(23) Maintenant , pour déterminer les deux
limites de la latitude entre plusieurs branches
d'acheteurs - vendeurs , je considère d'abord
le dernier acheteur ou le consommateur. Supposons que son besoin d'acheter ou que sa
concurrence soit nulle , il ne paiera d'abord
à son vendeur immédiat que le salaire naturel
du travail qu'il aura appliqué lui-même à la
marchandise comme on l'a vu (18) ; le désir
alors d'acheter pour revendre de ce dernier
vendeur devient nul : en conséquence , ou
il cessera son commerce , ou bien , s'il achète
dans d'autres marchés , il aura la force de ne
payer à ses vendeurs que le salaire naturel ;
mais à mesure qu'il soutire le gain de ses
vendeurs , le consommateur dont je suppose
toujours la concurrence ou le besoin nuls ,

aura toujours contre lui la force de lui prendre
ce gain à mesure qu'il le soutire. Il en sera
de même de tous les vendeurs, relativement
aux vendeurs qui les précédent, en remontant vers le premier. L'effort du consommateur se communiquera donc jusqu'au premier
vendeur; ils pourront donc, par l'effort de ce
dernier acheteur, être tous réduits, par une
suite de marchés, au point de ne gagner chacun que le salaire naturel du travail qu'ils ont
appliqué à la marchandise; de sorte que son
prix pourra être amené à ne valoir que $P =$
$S + S' + S'' + S''' +$ etc. ; c'est là la limite
de la diminution du prix. Tant que tous les
vendeurs ne seront pas amenés à ce terme,
le consommateur pourra les y amener.

Ce que je dis du consommateur peut s'appliquer à l'avant-dernier acheteur et à tous
les autres, relativement aux vendeurs qui le
précédent. Donc, 1° tout acheteur-monopo-
leur ou dont le besoin d'acheter est nul, peut
abaisser le prix de la marchandise qu'il achète
jusqu'à ne valoir que la somme du salaire
naturel de tous les travaux qui lui ont été
appliqués.

Si on considère la suite des acheteurs-vendeurs seulement comme vendeurs, le même

effet doit avoir lieu. En effet, supposons que la concurrence ou le besoin du premier vendeur soit nul, d'abord son acheteur sera forcé de lui payer la première latitude partielle toute entière, c'est-à-dire qu'il pourra être amené par l'effort de ce premier vendeur à acheter sa marchandise assez chère, pour ne retirer que le salaire naturel de son travail, en le revendant à un second acheteur (16). Mais alors il acquiert contre ce second acheteur la même force que le premier vendeur avait contre lui : il pourra donc l'amener aussi dans d'autres marchés à lui payer à son tour toute la latitude de son travail ; et le troisième acheteur pourra faire de même comme vendeur au quatrième acheteur, et ainsi de suite. Mais si on suppose que le besoin du premier acheteur ou que sa concurrence restent toujours nuls, il aura toujours la force de soutirer chaque fois le gain que prend son acheteur sur les acheteurs suivans : il pourra donc, par une suite de marchés, augmenter son gain du gain de tous les autres vendeurs ; il pourra donc à lui seul absorber toutes les latitudes partielles, L, L', L'' etc. de sorte que tous les travaux appliqués à la marchandise, ne seront payés à chaque vendeur que leur salaire naturel S', S'', S''' etc. et le premier vendeur fera payer le premier travail qu'il lui a appliqué, un prix exprimé par $S + L + L' + L'' +$ etc.

Ce que je dis du premier vendeur peut s'appliquer au second, au troisième vendeur etc. relativement aux vendeurs subséquens.

Donc tout vendeur - acheteur peut, en vertu de sa force de monopoleur, s'emparer de la somme de toutes les latitudes partielles, tant des vendeurs qui le précédent, que de ceux qui le suivent.

Donc les latitudes partielles L, L', L'' etc. ne sont pas des latitudes absolues ; elles ne sont que des parties d'une seule latitude qui ne diffère pas de celle qui aurait lieu, si toutes les branches des différens vendeurs se confondaient en une seule qui vendît immédiatement aux consommateurs.

Donc enfin, quel que soit le nombre des travaux appliqués à une marchandise, la latitude absolue de chacun des prix de ces travaux est la même que la latitude totale du prix de l'objet, et elle est limitée entre le monopole du consommateur et le monopole opposé de l'une quelconque des branches des acheteurs-vendeurs

(24)

(24) Dans ce qui vient d'être dit, pour qu'une branche d'acheteurs - vendeurs soutire le gain de toutes les autres, il faut supposer que sa concurrence reste toujours nulle : mais ce n'est qu'une fausse supposition qui n'a presque jamais lieu, car plus une branche a de force pour soutirer le gain des autres, c'est-à-dire plus elle est lucrative, plus elle attire à elle la concurrence, et la concurrence, en croissant, diminue sa force. Au contraire, moins une branche est lucrative, plus sa concurrence diminue, et cette diminution augmente sa force. Ainsi, toutes les forces des différentes branches tendent donc à se mettre en équilibre. Supposons donc l'équilibre absolu établi, alors les forces BN, bn, $B'N'$, $b'n'$ etc. de la formule ci-dessus (a) art. (20), sont toutes égales, et cette formule devient

$$P = S + \tfrac{1}{2}L + S' + \tfrac{1}{2}L' + S'' + \tfrac{1}{2}L'' + S''' + \tfrac{1}{2}L''' + \text{etc.}$$

En faisant la somme des latitudes partielles L, L', L'' etc. $= \Lambda$, on a $P = S + S' + S'' + \text{etc.} + \tfrac{1}{2}\Lambda$, et la formule (d) art. (20), qui exprime le gain d consommation $= \tfrac{1}{2}L + \tfrac{1}{2}L' + \tfrac{1}{2}L'' + \text{etc.}$ $= \tfrac{1}{2}\Lambda$, ce qui doit être.

(25) Pour déterminer les valeurs de ces latitudes partielles L, L', L'' etc. il est clair

D

que quand l'équilibre est établi, chaque branche doit avoir, pour sa part de la latitude
entière Λ, une partie proportionnée à sa *capacité*, c'est-à-dire que, toutes choses égales
d'ailleurs, la branche qui fera un travail double de celui d'une autre, doit absorber une
portion de latitude double de cette autre. J'appelle donc C, C', C'' etc. les capacités de
chaque branche, et Σ la somme des capacités partielles de toutes les branches ; on déterminera les valeurs L, L', L'' etc. par cette
suite de proportions :

$$\Sigma : \Lambda :: \begin{cases} C : L = \dfrac{c\Lambda}{\Sigma} \\[2mm] C' : L' = \dfrac{c'\Lambda}{\Sigma} \\[2mm] C'' : L'' = \dfrac{c''\Lambda}{\Sigma} \text{ etc.} \end{cases}$$

d'où la formule de l'équilibre ci-dessus devient

g) $P = S + \dfrac{c\Lambda}{2\Sigma} + S' + \dfrac{c'\Lambda}{2\Sigma} + S'' + \dfrac{c''\Lambda}{2\Sigma} + $ etc.

$= S + S' + S'' + $ etc. $+ (C + C' + C'' + $ etc.$) \dfrac{\Lambda}{2\Sigma}$

$= S + S' + S'' + $ etc. $+ \frac{1}{2} \Lambda.$

Et la formule qui exprime le gain de la consommation

h) devient $\dfrac{c\Lambda}{2\Sigma} + \dfrac{c'\Lambda}{2\Sigma} + \dfrac{c''\Lambda}{2\Sigma} + $ etc. $= \frac{1}{2} \Lambda.$

C'est ainsi que doit être distribuée la latitude entière entre les différens acheteurs-vendeurs et les consommateurs, lorsqu'il y a *équilibre absolu*.

Mais cet équilibre est un point fixe, vers lequel tendent toujours les valeurs des choses, et où elles ne s'arrêtent jamais. La vicissitude des événemens, l'instabilité des goûts, des besoins factices, l'opposition des intérêts et mille causes diverses, les tiennent dans une fluctuation continuelle qui les élève et les abaisse alternativement, relativement à ce niveau.

(26) La formule (*a*) art. (20), qui n'est que l'expression du rapport des forces de chaque vendeur avec son acheteur immédiat, ne suffit pas pour exprimer le prix des choses, parce qu'elle ne renferme pas ce qui sert à les déterminer, c'est-à-dire l'expression du rapport des forces des acheteurs-vendeurs entr'eux, et de leur relation avec celles des consommateurs. Cette première formule n'est que l'expression d'une fausse supposition, à l'aide de laquelle j'ai fait voir la dépendance nécessaire de ces forces réciproques, et d'où j'ai conclu que les latitudes des prix successifs que reçoit un objet en passant par différentes

mains, ne sont pas des latitudes indépen-
dantes les unes des autres, mais qu'elles ne
sont que des portions d'une latitude unique,
qui peut se réunir toute entière sur l'un quelconque de ces prix, ou sur le consommateur.

Il s'agit maintenant de trouver une formule
générale qui renferme tous les rapports des
forces nécessaires à la détermination des prix.
D'abord tout industrieux cherche à s'attribuer le plus grand gain possible, soit en achetant, soit en vendant; mais en achetant, il
cherche à avoir la marchandise au plus bas
prix possible : 1°. afin qu'elle lui procure
une plus grande latitude de gain en la revendant; 2°. afin que la diminution de son prix
détermine davantage le consommateur à l'a-
cheter. L'effort total de tout industrieux se
décompose donc en deux effets; le premier
est son gain comme vendeur, le second est
le gain du consommateur : c'est comme acheteur que sa force produit ce dernier gain.
Ainsi ce dernier effort est proportionné à la
force du consommateur, ou plutôt ce n'est
que la force du consommateur que l'acheteur oppose à son vendeur. Il faut donc considérer la force du consommateur en opposition avec la somme des forces des ven-

deurs, comme j'ai considéré un seul acheteur en opposition avec son vendeur (13).
Soit donc A la latitude totale , x la portion de cette latitude que les vendeurs veulent faire payer au consommateur. Appe-
lons d'abord f, f', f'', f''' etc. les forces des
vendeurs successifs pour attirer le gain , et F
la force du consommateur , on aura cette proportion (13) $f + f' + f'' +$ etc. $: x :: F : A - x;$
d'où $x = \dfrac{(f + f' + f'' + \text{etc.}) A}{f + f' + f'' + \text{etc.} + F}$

Or , maintenant la force de chaque vendeur
pour attirer le gain, est en raison directe de
la capacité de son travail, et en raison inverse de son besoin et de sa concurrence,
et la force du consommateur est aussi en
raison directe de la capacité de la consommation et en raison inverse de son besoin et
de sa concurrence. Donc, en appelant comme
ci-dessus c, c', c'' etc. les capacités des travaux successifs, C, la capacité du consommateur, bn, $b'n'$, $b''n''$ etc. le besoin et la
concurrence des différens vendeurs, et A
le besoin et la concurrence du consomma-
teur, on aura $f = \dfrac{c}{bn}$, $f' = \dfrac{c'}{b'n'}$, $f'' =$

$$\frac{c''}{b''n''} \ldots \text{etc.} \quad F = \frac{C}{BN}$$ et en substituant ces valeurs dans l'équation ci-dessus, on a

$$x = \frac{\left(\dfrac{c}{bn} + \dfrac{c'}{b'n'} + \dfrac{c''}{b''n''} + \text{etc.} \right) \text{A}}{\dfrac{c}{bn} + \dfrac{c'}{b'n'} + \dfrac{c''}{b''n''} \ldots + \text{etc.} + \dfrac{B}{BN}}.$$

Cette valeur exprime la somme des gains des acheteurs-vendeurs : on a donc pour la valeur générale du prix des choses. $P = S + S'\, S'' + S''' + $ etc.

$$+ \frac{\left(\dfrac{c}{bn} + \dfrac{c'}{b'n'} + \dfrac{c''}{b''n''} + \dfrac{c'''}{b'''n'''} + \text{etc.} \right) \text{A}}{\dfrac{c}{bn} + \dfrac{c'}{b'n'} + \dfrac{c''}{b''n''} + \dfrac{c'''}{b''n'''} + \text{etc.} \; \dfrac{C}{BN}}$$

à laquelle je donnerai cette forme :

Voyez le Tableau ci-contre.

En général le gain d'un de la suite des vendeurs est égal au produit de la force de ce vendeur, multiplié par la latitude et divisé par la somme des forces.

Supposons d'abord qu'il n'y ait qu'une branche de vendeurs, on aura $P = S + \dfrac{\dfrac{c\text{A}}{bn}}{\dfrac{c}{bn} + \dfrac{C}{BN}}$

$$= \frac{BN.\Lambda.c}{BN.c + bn.C}.$$ Or, comme la consommation absorbe les travaux de tous les ven-
deurs, sa capacité C est toujours égale à la
somme des capacités de ces travaux, et par
conséquent égale dans ce cas-ci à la capacité de la seule branche des vendeurs; d'où

$c = C$; et $P = S + \dfrac{BN}{BN + bn} \Lambda$ comme ci-

dessus (17).

Si on suppose deux vendeurs, on a

$$P = S + S' + \frac{\left(\dfrac{c}{bn} + \dfrac{c'}{b'n'} \right) \Lambda}{\dfrac{c}{b'n} + \dfrac{c'}{b'n'} + \dfrac{C}{BN}}$$ d'où,

en soumettant toutes les fractions partielles
au même dénominateur, et en faisant les ré-
ductions convenables

$$P = S + S' + \frac{BN.\Lambda(cb'n' + c'bn)}{BN(c.b'n' + c'bn) + C.bn.b'n}$$

pour trois vendeurs on aura $P = S + S' + S''$
$$+ \frac{BN\Lambda(c.b'n'.b''n'' + c'.bn.b''n'' + c''bn.b'n')}{BN.(c.b'n'.b''n'' + c'bn.b''n'' + c''bn.b'n') + Cbn.b'n'.b''n''}$$

et pour un nombre r de vendeurs on a r.
la formule générale des prix telle qu'on la
voit sur le Tableau ci-joint.

Si dans cette formule on suppose la concurrence des consommateurs nulle, ou si

l'on fait $BN = 0$, on aura $P = S + S' + S'' + \ldots S^{x-1}$, et le gain des consommateurs $= \Lambda$.

Si on fait $bn = 0$, on aura $P = (S + \Lambda) + S' + S'' \ldots + S^{x-1}$, et le gain des consommateurs $= 0$.

Si on fait $b'n' = 0$, on aura $P = S + (S' + \Lambda) + S'' \ldots + S^{x-1}$, et le gain des consommateurs $= 0$; et ainsi de suite. En général, si dans cette formule on suppose la concurrence ou le besoin de l'une quelconque des branches de vendeurs nuls, c'est cette branche qui absorbera toute la latitude, et les autres vendeurs n'auront que le salaire de leur travail; ce qui doit être, d'après ce qui a été dit (23). Ainsi cette formule renferme donc tous les rapports nécessaires qui déterminent la variation des prix.

Si on suppose l'équilibre absolu entre toutes les forces, c'est-à-dire $bn = b'n' = b''n''$ etc. la formule deviendra

$$P = S + S' + S'' + S''' \ldots + S^{x-1}$$

$$+ \frac{\Lambda(c + c' + c'' + c''' \ldots + c^{x-1})}{c + c' + c'' + c''' \ldots + c^{x-1} + C}$$

$$= S + S' + S'' + S''' \ldots + S^{x-1} \frac{\Lambda}{2},$$

parce que la somme $c + c' + c''$ etc. $= C$. Le gain des consommateurs

$$= \frac{C}{c + c' + c'' + \text{etc.} + C} \cdot \frac{A}{} = \frac{A}{2} \text{ comme ci-des-}$$

sus (24); ce qui d'ailleurs doit être.

(27) Jusqu'à présent je n'ai considéré qu'une seule branche principale dans laquelle la même espèce de marchandise reçoit ses travaux successifs des différentes branches d'acheteurs-vendeurs, jusqu'à la consommation. Imaginons maintenant deux branches principales toutes garnies de leurs branches d'acheteurs-vendeurs, et partant toutes deux d'un même tronc; ou imaginons un premier vendeur fournissant sa marchandise à deux branches principales d'industrieux. Il est évident d'abord, d'après tout ce qui a été dit, que, pour qu'il y ait équilibre entre ces deux branches, il faut qu'elles aient chacune une latitude proportionnée à la capacité des travaux industriels et des rentes qu'elles renferment. Supposons donc que, l'équilibre étant bien établi, le besoin des consommateurs vienne à augmenter dans une des deux branches par une cause quelconque, alors le gain des différens acheteurs-vendeurs de cette branche augmentera à proportion, et cette augmentation parvien-

dra jusqu'à la mère-branche qui, pouvant vendre alors sa marchandise plus chère à cette branche lucrative qu'à l'autre, ou ne vendra pas à cette seconde, ou lui vendra aussi cher qu'à la première : il en résultera alors pour celle-ci une diminution de gain qui s'étendra jusqu'à la consommation, et la fera diminuer.

Ainsi, toutes les fois qu'une cause quelconque augmente la consommation dans une branche d'industrie, elle y augmente aussi le gain, et produit dans l'autre branche-sœur un effet contraire, en y diminuant les gains et la consommation.

Supposons en second lieu que, tout étant également en équilibre, une cause quelconque vienne à diminuer la consommation d'une des branches principales, la diminution de la consommation fera décroître les gains ; le premier acheteur de cette branche, en vertu de cette diminution, tendra à acheter moins cher de la branche-mère ou du premier vendeur : mais celui-ci, pouvant toujours vendre le même prix à l'autre branche-sœur qui n'a subi aucune diminution, ou ne vendra pas à la branche diminuée, ou lui vendra aussi cher qu'à l'autre. Mais alors la marchandise devenant plus abondante dans la main du premier vendeur par la diminution de la consommation de la branche diminuée, l'autre branche acquerra sur lui un avantage ; elle pourra acheter moins cher ; son gain augmentera donc. Cette augmentation de gain parvenant au dernier vendeur, le consommateur acquerra sur lui un avantage qui le déterminera à vendre moins cher, et la consommation se distendra à proportion.

Ainsi, toutes les fois qu'une cause quelconque diminue la consommation d'une branche, elle en diminue également les gains, et augmente au contraire le gain et la consommation dans l'autre branche-sœur.

Donc, en considérant le gain dans deux branches-sœurs, à mesure qu'il croît dans l'une, il diminue dans l'autre ; donc les gains entre deux branches-sœurs suivent la même loi qu'entre un acheteur et son vendeur immédiat, qu'entre le consommateur et la suite de ses vendeurs : dans tous ces cas, les uns n'augmentent leur gain qu'aux dépens de celui des autres.

J'applique ceci à un exemple. Je considère les vendeurs de chanvre livrant leur marchandise à deux branches principales d'industrie :

1°. à celle qui fournit les agrès des vaisseaux ;
2°. à celle qui fournit à l'usage du linge. Je suppose que la consommation des chanvres pour
les agrès des vaisseaux vienne à augmenter,
l'accroissement de la demande produira l'accroissement du prix, et les gains de cette
branche augmenteront. Alors les consommateurs du linge restreindront leur consommation à raison de cette augmentation de
prix, et les gains de cette seconde branche
décroîtront. Le contraire aurait eu lieu, si
la consommation du chanvre pour les vaisseaux avait diminué au lieu d'augmenter.

(28) La diminution ou l'augmentation de
la consommation dans une branche quelconque, est un effet qui peut toujours subsister ; mais il n'en est pas de même du décroissement ou de l'accroissement du gain.
Quand les gains décroissent dans une branche,
ceux qui en composent les extrémités la quittent, comme on l'a vu, et cherchent à
s'attacher à d'autres branches qui leur offrent
plus d'avantages. Le nombre des ouvriers de
la branche ingrate diminue, jusqu'à ce que le
gain se remette de niveau avec celui des autres branches : au contraire, quand le gain
d'une branche augmente, de nouveaux ou-

vriers viennent y affluer , augmentent la concurrence , et par conséquent diminuent ce
gain, jusqu'à ce qu'il soit en équilibre avec les
autres.

Ainsi toutes les branches et toutes leurs
ramifications se communiquent entr'elles ;
leurs troncs se communiquent également
entr'eux : le travail humain forme donc un
système unique de ramifications qui se communiquent toutes , et qui tendent constamment à ramener tous les gains au niveau, à
mesure que mille causes diverses les élèvent
ou les abaissent , relativement à ce terme.

CHAPITRE IV.

DE LA CIRCULATION DE L'ARGENT ET DU CRÉDIT.

(29) On a vu (19) que l'argent était une marchandise intermédiaire d'échange, et par conséquent l'instrument de la circulation. Voyons maintenant jusqu'à quel point il est nécessaire, et comment on peut y suppléer. Supposons d'abord que le crédit entre les différens individus soit absolument nul ; c'est-à-dire supposons qu'aucun travail ne se fasse sans qu'il soit échangé sur-le-champ pour une somme d'argent équivalente. Cela posé, je considère une branche principale, garnie de ses différentes branches d'acheteurs-vendeurs. On a vu comment la marchandise s'écoule du premier vendeur au consommateur ; l'argent au contraire suit une marche opposée ; il part des mains du consommateur dans celles du dernier vendeur : celui-ci gardé son gain et le salaire naturel de son travail, et fait remonter le reste entre les mains du vendeur

qui le précède., en gardant également son gain
et son salaire. C'est ainsi qu'il remonte jusqu'au
premier vendeur , en laissant à chaque branche d'industrie le gain et le salaire naturel
de son travail.

Or , maintenant quand le crédit est absolument nul , il ne se fait point de déplacement
de la marchandise d'une main à l'autre , sans
qu'il ne se fasse un pareil déplacement d'une
somme d'argent égale à sa valeur ; donc quand
le crédit est absolument nul , et que rien ne se
fait qu'avec de l'argent comptant , il faut qu'il
y ait en circulation une masse d'argent égale
à la masse des marchandises qui circulent.

(30) En considérant donc le système total
de la circulation sous un point de vue général , il faut imaginer , dans tous les vaisseaux
de la circulation , deux courans opposés ; l'un
de marchandise ou de produit de travail , et
l'autre d'argent , la valeur de l'argent contenu
dans chaque vaisseau étant toujours égale à
la valeur du travail qui y est également contenu, et le courant de l'un étant toujours si-
multané et égal au courant de l'autre. On peut
donc imaginer que la circulation générale est
composée de deux systèmes de ramifications
parfaitement semblables adaptés l'un à l'au-

tre : dans l'un circule la marchandise , et dans l'autre circule l'argent dans un sens contraire , comme on voit le sang circuler dans les veines et dans les artères.

(31) Maintenant chaque branche d'acheteurs-vendeurs peut faire passer à la fois à la branche suivante, une quantité de marchandises plus ou moins grande. Supposons, par exemple, qu'un premier vendeur de fer fournisse à la fois une masse de mille myriagrammes de ce métal, à une suite de quatre acheteurs-vendeurs, qui y appliquent successivement leur genre d'industrie ; imaginons en même temps que le travail de chaque vendeur double à chaque fois la valeur qu'il avait dans les mains du vendeur précédent : si cette masse valait 500 francs dans les mains du premier vendeur, elle acquerra, en recevant le travail des quatre acheteurs-vendeurs, les valeurs successives, 1000 fr., 2000 fr., 4000 fr. 8000 fr.; et il faudra, en supposant toujours le crédit absolument nul, que ces quatre industrieux aient constamment en circulation : le premier 1000 fr., le second 2000 fr., le troisième 3000 fr., et le quatrième 4000 fr.

Mais supposons maintenant que chaque industrieux-vendeur ne reçoive à la fois que

100 myriagrammes de fer, et que cette divi-
sion ne nuise pas à la promptitude du travail ;
les ouvriers feront, dans le même espace de
temps, la même quantité de travail que dans
le premier cas ; alors la circulation du produit de l'industrie et de l'argent sera dix fois
plus rapide : mais, dans ce second cas, les
acheteurs-vendeurs n'auront besoin, pour
leur circulation, que d'une somme dix fois
plus petite que dans le premier cas. Donc,
toutes choses égales d'ailleurs, plus la circulation est rapide, moins elle exige d'argent.

Il est donc de l'intérêt de tous les individus
de rendre la circulation la plus rapide possible ; par conséquent on doit toujours la supposer telle. Un ouvrier-vendeur n'achète guère
plus de marchandise qu'il ne lui en faut pour
le courant de son industrie : s'il fait des pro-
visions, c'est parce qu'il y trouve son intérêt
d'un autre côté ; et il n'y trouve son intérêt,
que parce qu'il est nécessaire que cette marchandise reste quelque temps en stagnation
entre les mains de quelqu'industrieux. Il y a
des produits de travaux qui ne peuvent s'obtenir qu'en grande masse à la fois, et par des
intervalles de temps considérables ; tels sont
presque tous les produits de la terre, qu'on

E

obtient par la culture. Le cultivateur qui recueille deux mille myriagrammes de blé , ne
les obtient qu'après avoir dépensé , tant pour
lui que pour ses collaborateurs , une somme
à peu près égale à la valeur de toute cette
quantité de blé : au lieu que le boulanger peut
n'avoir qu'une somme d'argent égale en valeur
au pain qu'il peut vendre dans une décade ;
son argent circule donc trente-six fois plus
vîte. Ainsi pour la circulation entière de 2000
myriagrammes , quand le crédit est absolument nul, il faut d'abord une somme d'argent
égale à la valeur de la quantité de blé dans la
main du fermier, et une somme trente-six
fois moindre dans les mains du boulanger.
Or , maintenant ces fonds qui doivent rester
un an en stagnation dans les mains du fermier , peuvent rester entre les mains du boulanger , s'il achète tout le blé du fermier au
moment de la récolte : et alors il faudra qu'il
retire la rente de ses avances. Ainsi aucun
fonds , ni aucune marchandise ne restent en
stagnation dans la circulation , que parce que
cette stagnation est nécessaire : toute stagnation de fonds qui n'est pas nécessaire , ne produit aucune rente.

On peut donc regarder comme un fait, que

la circulation a., dans tous les temps , toute la rapidité dont elle est susceptible, et que la circulation ne retient jamais que la quantité d'argent qui lui est nécessaire. S'il s'en trouvait de surplus dans quelque partie de la circulation , cet excédent ne servirait d'abord qu'à abaiser la rente de l'argent au-dessous du niveau des autres rentes , jusqu'à ce qu'il se perde dans le niveau général de la masse circulante ; c'est-à-dire qu'en supposant le crédit absolument nul , la valeur de la somme totale de l'argent finit toujours par égaler la valeur de toute la masse du travail en circulation.

(32) J'ai supposé jusqu'à présent le crédit entre les hommes absolument nul , supposons-le maintenant infiniment grand ; c'est-à-dire, supposons que la bonne foi et la moralité soient telles parmi les hommes , qu'il répugne à leur nature de manquer à leur engagement , l'argent , dans ce cas , devient absolument inutile pour la circulation ; chaque acheteur, au lieu de ce métal , donnera ir billet à ordre à son vendeur ; ce billet sera reçu par-tout , au lieu de l'argent qu'il remplace ; il reviendra entre les mains de celui qui l'a consenti , et qui l'échangera pour un

produit de travail de même valeur : ainsi le papier de crédit tiendra absolument la place de l'argent.

Or maintenant, dans ce second cas, chaque marchandise devra être moins chère, toutes choses égales d'ailleurs, que lorsque le crédit est nul ; car quand le crédit est infini, elle ne renferme que le travail et le produit des rentes foncières et industrielles qui lui ont été appliquées ; au lieu que, dans le second cas, elle contient de plus l'application de la rente de l'argent que sa circulation exige.

(33) Aucune nation n'est dans l'un de ces deux cas extrêmes ; mais toutes en sont plus ou moins éloignées. On voit que là où le crédit est le plus grand, le produit du travail, toutes choses égales d'ailleurs, doit être vendu moins cher que dans les pays où l'on emploie beaucoup d'argent pour la circulation.

Une nation qui a beaucoup de crédit, et qui par conséquent a peu de numéraire dans sa circulation, a donc une plus grande quantité de marchandises circulantes, avec la même quantité de travail, qu'une nation sans crédit ; car la portion du travail qui est absorbée chez cette dernière pour l'acquisition de l'argent circulant, est employée chez la première à produire un surplus de marchandise : elle est donc plus riche.

On voit que ce n'est pas par la quantité de numéraire qui circule dans un pays , qu'on peut juger de sa richesse ; c'est par la circulation de l'argent et du papier pris ensemble, ou bien par la quantité de produit de travail et de rentes, qui coule en sens contraire dans un système analogue de ramifications ; de sorte que la valeur représentative du papier circulant, plus la valeur réelle des espèces courantes, forment une somme égale à la valeur de toutes les marchandises circulantes.

On peut conclure de-là que le crédit est le moyen de tirer le plus grand parti de l'activité d'une nation, pour accroître sa richesse.

(34) Pour déterminer les loix de la circulation monétaire, il faut considérer que l'or et l'argent s'écoulent des mines dans la circulation, comme l'eau s'écoule des différentes sources : on conçoit que ces métaux doivent se répandre dans tous les vaisseaux de la circulation monétaire, relativement à leur capacité, ce qui forme le *niveau de l'argent* ; car si on supposait une branche de cette circulation , où l'argent se trouvât en moindre quantité relative que dans les autres branches du

système général de la circulation , cela vou-
drait dire que la marchandise correspondante
y serait à meilleur marché ; on y affluerait
donc pour l'acheter , et la concurrence augmenterait jusqu'à ce que l'équilibre soit rétabli , c'est-à-dire jusqu'à ce que la marchandise
soit assez chère , pour que l'argent se trouve
de niveau.

(35) On conçoit maintenant que plus il y a
de vaisseaux dans le système général de la
circulation monétaire , moins il doit couler
d'argent dans chacun , toutes choses égales
d'ailleurs ; par conséquent, toutes les fois qu'il
se fait une nouvelle ramification industrielle ,
la quantité d'argent qui vient s'y écouler , diminue d'autant la quantité qui se trouve dans
les autres branches : par conséquent, la portion de la masse totale du numéraire qui circule dans chaque branche , est en raison inverse de la somme de toutes les branches du
système général de la circulation.

(36) Il faut remarquer , en second lieu , qu'à
proportion que les industrieux substituent le
papier à la monnaie dans la circulation , cette
monnaie reflue dans les autres canaux , et fait
monter leur niveau ; ce niveau s'élève donc
à proportion de l'étendue du crédit dans le

monde commerçant : par conséquent , la portion de la masse totale du numéraire qui circule dans chaque branche , est en raison directe de l'étendue du crédit.

Il résulte de cette conséquence, que le papier de crédit, élevant le niveau de l'argent,
doit rendre les marchandises plus chères. Ceci
ne détruit point ce que j'ai dit plus haut ; savoir , que plus le crédit étoit étendu dans une
nation , moins les marchandises devaient être
chères , toutes choses égales d'ailleurs. En
effet , la cherté qui résulte de l'agrandissement du crédit , s'étend dans tous les pays ,
en vertu du niveau de la circulation , et ne
reste pas particulière au pays où circule le
papier ; au lieu que l'avantage de substituer
le papier à l'argent , demeure tout entier au
pays qui emploie ce moyen de circulation. Il
y a toujours cette différence entre une nation
sans crédit et celle qui en a, que chez la première , tout objet qui a de la valeur , renferme
non-seulement le travail qui l'a produit, mais
encore la rente de l'argent qui a servi à augmenter ce travail ; tandis que chez la seconde,
elle ne renferme pas ce dernier prix.

(37) Comme la valeur de l'argent est en
raison inverse de la quantité qui correspond

dans la circulation à une marchandise donnée, il s'ensuit, d'après ce qu'on vient de dire,
que cette valeur est en raison inverse de l'é-
tendue du crédit, et en raison directe du
nombre des branches du système général de
la circulation.

Ces deux causes ne sont pas les seules qui
font varier la valeur de l'or et de l'argent; elle
augmente encore à raison de la consommation qui s'en fait pour les bijoux, l'argenterie,
les dorures, l'usure des espèces, etc. et elle
diminue à raison de la quantité que les mines
en fournissent.

(38) Avant la découverte de l'Amérique,
l'or et l'argent avaient une valeur triple de
celle qu'ils ont acquise depuis cette époque.
Depuis environ cinquante ans, la valeur de
ces deux métaux a baissé environ de moitié :
or, comme le produit des mines, qui est
moins considérable qu'il ne l'était au commencement, n'a pas pu les faire décroître
dans cette proportion, dans un espace de
temps aussi court ; on peut donc présumer
que cette baisse a été occasionnée en grande
partie par l'accroissement du crédit, par l'é-
coulement des trésors stagnans dans les vaisseaux de la circulation, et parce que la raison

plus éclairée a fait disparaître cette opinion absurde, qui faisait un crime de prêter son argent à intérêt.

Quoi qu'il en soit, on voit que les élémens qui constituent la valeur de l'or et de l'argent, étant tous variables, cette valeur ne peut pas être fixe et constante, et ne peut pas, par conséquent, servir d'échelle pour mesurer la valeur de toutes choses dans les différens temps.

Cependant, comme c'est de toutes les substances, celle dont la valeur varie moins d'un pays à l'autre, à cause de la facilité de son transport, et comme d'ailleurs les changemens qu'elle éprouve ne sont sensibles qu'après un certain laps de temps, les hommes ont dû choisir ces métaux pour mesurer les valeurs de tous les produits du travail. Mais lorsqu'il s'agit de comparer les valeurs des choses dans des temps différens, il faut prendre une mesure moins variable. La mesure la plus fixe que l'on pourrait prendre, est le salaire naturel ou nécessaire. Si cette valeur est susceptible d'une certaine latitude, au moins le temps n'y change rien; son centre est donc le point fixe le plus général et le moins variable possible, pour mesurer les changemens de valeur qu'ont éprouvés les métaux dans les différens lieux de la terre, par le laps du temps.

(39) En considérant les loix de la circulation monétaire, j'ai fait abstraction des frottemens ou des difficultés qu'éprouve l'argent à se mettre de niveau. Mais d'abord la difficulté des transports est une espèce de frottement, qui doit rendre le niveau de l'argent plus élevé à sa source qu'à ses dernières ramifications ; et ce niveau doit baisser insensiblement. Indépendamment de cette cause générale, les relations, les transactions et les transports d'une province à l'autre dans le même état, entraînent moins de difficultés, que quand ils se font d'un état à l'autre ; alors la diversité du langage, des mœurs, des loix, etc. apportent de nouveaux obstacles aux communications : en outre, la plupart des gouvernemens, par les obstacles qu'ils mettent à la sortie de l'argent hors de leurs états, forment des espèces de digues qui élèvent encore son niveau ; de sorte que le métal circulant, en s'écoulant d'un état à l'autre, tombe comme par une espèce de cascade. Mais de même qu'un fleuve dont on aura élevé le lit, dans différens endroits, par des digues, ne fournit pas pour cela une plus grande quan-

tité d'eau dans un temps donné ; ainsi, malgré les obstacles qui, comme des digues, élèvent le niveau de l'argent dans les différens états, la quantité de ce métal, qui s'écoule dans un temps donné, est la même qu'elle le serait sans ces digues et ces cascades, comme on le verra encore dans la suite.

(40) Indépendamment de ces causes qui empêchent le niveau absolu de l'argent, il est une autre cause qui fait fluctuer ce niveau, en l'élevant d'un côté en même temps qu'elle l'abaisse de l'autre ; il s'agit de l'analyser.

D'abord, en faisant abstraction des inégalités dans le niveau de l'argent dont on vient de parler, s'il y avait un parfait équilibre par-tout entre la production du travail et sa consommation, il y aurait toujours un niveau absolu dans le système général de la circulation monétaire ; mais il n'en est pas ainsi. Supposons, en effet, une nation active, économe, faisant un grand commerce avec l'étranger, et consommant beaucoup moins de travail qu'elle n'en produit ; ce surplus, qui fait sa balance de commerce, est définitivement payé par les autres nations en argent. Cet argent se trouve d'abord inutile en grande partie à la circulation qui le regorge : il faut

qu'il s'applique à quelque chose ; une partie
s'applique à l'accroissement des sources de
rente ; l'autre partie reste entre les mains des
prêteurs , qui , par leur concours , se trouvent forcés de tirer un intérêt très-bas de leur
argent.

Ainsi l'agriculture , les manufactures , et
toutes les sources de rente doivent être améliorées dans un pays , à proportion de l'activité de l'économie et du crédit qui y règnent ;
et le taux de l'intérêt de l'argent doit être bas ,
non-seulement à raison de ces trois causes ,
mais encore à raison du degré d'amélioration
qu'ont déjà reçu les sources de rentes.

On conçoit , par la même raison , que chez
une nation inactive , qui dépense autant ou
plus de travail qu'elle n'en produit , l'argent
nécessaire à la conservation et à l'amélioration des sources de rente , doit être très-rare ;
la rente de l'argent doit donc être à un taux
très-haut.

Le même effet doit avoir lieu lorsqu'une
cause quelconque vient à diminuer le crédit
ou la confiance mutuelle ; il ne se trouve plus
alors assez d'argent pour la circulation ; il
devient donc rare , et sa rente augmente :
c'est une des causes principales qui , après la

chute des assignats, a fait monter la rente de
l'argent à un taux décuple de ce qu'il était
avant la révolution.

Ainsi les causes qui tendent à détruire le
niveau de l'argent, ne produisent pas immédiatement cet effet ; elles commencent par
détruire l'équilibre qui doit avoir lieu entre
le capital de la rente et son produit.

(41) C'est ici le lieu de déterminer le rapport du capital de la rente à son produit
dans l'état d'équilibre, non-seulement pour
l'argent, mais pour toute autre espèce de
rente. Je considère, par exemple, le créa-
teur d'une machine qui simplifie un ouvrage
quelconque, et je suppose qu'il en loue l'u-
sage à un industrieux : il est clair d'abord que
l'inventeur ne peut pas retirer de sa machine
une rente qui équivaille à tout l'avantage
qu'elle procure ; l'avantage pour l'industrieux
étant nul, son besoin le serait aussi. Pareillement l'industrieux ne peut pas non plus retirer tout l'avantage de son côté ; car le désir
de louer sa machine serait nulle pour le propriétaire. C'est donc entre ces deux extrêmes
que luttent le propriétaire et l'industrieux,
comme pour la fixation du prix des choses.
Si on fait abstraction de la concurrence, ou

si on la suppose égale de part et d'autre,
ainsi que le besoin, ce qui a lieu dans l'équilibre, les deux contendans lutteront à force
égale ; ils se partageront donc l'avantage :
donc, dans l'état d'équilibre, la rente est égale
à la moitié de l'avantage qu'elle procure. Et,
en général, tout accroissement donné à une
source de rente, procure à son propriétaire
un produit égal à la moitié de l'avantage total
qui en résulte.

Ainsi le rapport du capital à la rente, dans
toute espèce de sources de rente, varie d'a-
bord de toute la valeur de l'avantage qu'il
procure, à raison du besoin et de la concurrence. Mais le rapport moyen du capital à la
rente, n'est pas le même dans toutes les sources de rente; il varie à raison des autres avantages ou désavantages qui sont attachés à
toute espèce de source de rente.

Cependant on a vu ci-dessus (6), que les
individus cherchent constamment à appliquer
leur travail superflu exigible sur les rentes
les plus avantageuses, ce qui mettait un équilibre entre les avantages des différentes sources de rente ; de sorte que si l'on estime en
argent tous leurs avantages et leurs désavantages, le rapport des rentes au capital, dans

toutes les sources de rente , tend toujours à
l'égalité ; et n'en diffère constamment que par
ces fluctuations continuelles qui font varier
toutes les valeurs.

On voit donc que la rente de l'argent ne
peut pas baisser , sans que les autres rentes
ne baissent également , relativement au capital qui les produit. Or , à proportion que
les sources de rente deviennent moins avantageuses , les individus sont moins portés à
appliquer leurs fonds à leurs accroissemens ;
leur désir de gagner diminue , et celui de dépenser augmente : la concurrence des acheteurs , pour la consommation , tend donc à
augmenter, et par conséquent à faire croître
le prix des choses ; c'est-à-dire enfin que le
regorgement d'argent tend à rentrer dans la
circulation.

Tout ceci va se développer dans le chapitre
suivant ; on y va voir comment la surabondance de l'argent s'applique aux sources de
rente , avant d'augmenter le prix des choses ,
en se répandant tout de suite dans la circulation.

CHAPITRE V.

DES CAUSES DE L'ACCROISSEMENT ET DU DÉCROISSEMENT DE LA RICHESSE.

---

(42) LA richesse est l'accumulation du travail superflu exigible qui n'a pas été consommé, et qui forme toutes les sources de rente : elle est donc le résultat du surplus du travail sur la consommation. Pour connaître jusqu'où peut s'étendre cet excès du travail, et quels en sont les résultats, il faut rechercher quels sont les principes qui déterminent le travail et la consommation.

Les hommes qui ont acquis les moyens de satisfaire aux besoins de leur conservation, et qui travaillent encore, ont pour but d'acquérir de la renommée ou des richesses. D'abord celui qui travaille pour la renommée, est évidemment stimulé par le besoin de l'estime.

Mais maintenant quel est le but ultérieur que se propose l'homme actif, en travaillant pour amasser des richesses ? C'est en analy-

sant

sant les jouissances qu'elles procurent, qu'on peut remonter au principe qui les fait désirer. Toutes les jouissances que procurent les richesses, et qui ne font plus partie de celles qui sont nécessaires à l'homme, se renferment dans l'idée générale de luxe, et elles se divisent en deux branches bien différentes : 1°. celle des jouissances, qui, sans être provoquées par nos besoins absolus, en sont une extension, qui ont pour but de flatter nos goûts, en nous procurant une infinité de sensations agréables ; elles composent ce qu'on peut appeler *luxe sensuel* : mais l'autre branche entrelacée, et souvent confondue avec la première, n'a pour but que l'ostentation. Ce genre de luxe, incomparablement plus étendu que le premier, atteint d'un côté jusqu'aux besoins absolus du pauvre ; dans toutes les classes, il accompagne et domine le luxe sensuel ; chez l'opulent, il le couvre quelquefois tout entier.

Quelle est la cause qui donne un prix exorbitant à ces rares bijoux, dont l'opule. se aime à se parer ? Est-ce parce qu'ils flattent agréablement notre vue par le reflet brillant de leur lumière ? non ; cette faible jouissance n'a aucun rapport avec leur valeur ; c'est

F

parce qu'ils ont la propriété d'attester la richesse de celui qui les porte. Tels sont tous les objets de luxe ; ce qu'ils procurent de jouissances en flattant les sens, n'est rien en comparaison de celles qu'ils sont destinés à procurer par l'ostentation. Tous ces ornemens qui décorent les appartemens du riche, ces dorures, ces sculptures que l'art semble n'avoir distribués avec goût, que pour réjouir notre vue, ne sont autre chose que des caractères magiques qui présentent partout ces inscriptions : *Admirez comme je suis riche.* Dans toutes les classes, le luxe d'ostentation a su graver ces caractères sur tout ce qui sert aux aisances et aux commodités de la vie. C'est ce luxe qui a bordé d'une étroite dentelle la coiffure de la simple paysanne, et qui a donné à tous ses habillemens la couleur et les apprêts étrangers à la commodité. Enfin, si l'on excepte ces êtres faibles ou dépravés qui mendient, ce qui constitue la propriété des hommes les plus pauvres parmi ceux qui travaillent, présente toujours quelques traces de cette inscription : *Et moi aussi, je suis assez riche pour posséder quelque chose qui ne m'est pas nécessaire.*

Le luxe d'ostentation domine tellement le

luxe sensuel chez l'homme opulent, qu'il brille
souvent aux dépens du premier ; les objets
même qui semblent, par leur nature, n'avoir
pour but que de flatter les sens, sont presque
toujours dominés par le luxe d'ostentation.
Considérez un repas somptueux donné par
l'opulence, retranchez-eu par la pensée tout
ce qui ne sert qu'à montrer la richesse de
celui qui le donne, et ne laissez absolument
sur la table que ce qui sert à flatter la sen-
sualité de ce seul individu ; que resterait-il ?

Enfin, qu'on jette un coup-d'œil général
sur les dépenses que font les hommes lorsque
leurs besoins absolus sont satisfaits, on voit
qu'elles sont presque toutes déterminées par
le désir de paraître riche : ainsi, le grand
mobile qui porte les hommes à acquérir des
richesses, est le désir d'en faire parade.

(43) Or, maintenant d'où vient ce désir
général de paraître riche ? Le voici. Selon
l'ordre des choses quand il est bien réglé,
un homme est d'autant plus riche qu'il a rendu
plus de services à la société, et qu'il en a
moins exigé ; sa richesse est donc un indice,
ou au moins une présomption de son intelligence, de son activité, de son économie, etc.
Si c'est lui-même qui l'a acquise, et s'il la tient

de ses ancêtres, elle suppose d'abord les mêmes qualités dans ceux qui la lui ont transmise, et dont l'éclat rejaillit sur les successeurs qui la reçoivent. D'ailleurs, la richesse, dans ces derniers, suppose une éducation plus soignée, plus d'éloignement à commettre de ces actions blâmables que provoque le besoin, plus d'aptitude à remplir ces fonctions qui exigent de la confiance et du désintéressement; enfin, quelle qu'en soit la cause, il est certain que tous les hommes s'accordent à prodiguer à la richesse des égards et une considération proportionnés à son étendue. Or, c'est cette considération que l'homme cherche principalement dans l'acquisition des richesses.

Un négociant millionnaire n'a pas besoin de toute sa fortune pour se procurer les aisances et les plaisirs sensuels que l'homme est susceptible de goûter. Ce n'est pas le but auquel il vise; mais il voit d'autres négocians plus brillans que lui; il veut les surpasser et il travaille encore; il en est de même de tous les hommes. L'émulation ou le désir réciproque de se surpasser, est donc le grand mobile de cette masse de travail, que l'homme en société a ajoutée à son existence physique.

L'homme sauvage n'a plus ce grand motif de travailler ; aussi ne travaille-t-il que pour satisfaire à ses besoins absolus, et il passe le reste de son temps, accroupi dans la torpeur de l'inaction.

(44) Cette émulation générale se divise en deux branches bien distinctes, *l'émulation du travail* et *l'émulation de la dépense.* La première est le stimulant de tous les hommes qui, n'ayant encore acquis que peu ou point de travail superflu, cherchent à se surpasser réciproquement par leur activité, leur intelligence, leur économie et toutes les vertus qui ont pour but d'accumuler du travail exigible ou des richesses. La seconde est une suite de la première. L'homme, et je considère ici l'homme perpétuel toujours continué par ceux qui lui succèdent ; l'homme ainsi considéré, ne travaille et n'économise que dans l'espérance de jouir un jour ; c'est la considération attachée à la richesse qui le stimule principalement ; la dépense est donc le terme où aboutit le travail. L'homme tôt ou tard arrive à un terme où il ne travaille plus, n'acquiert plus de richesses ; alors c'est l'émulation de la dépense qui règne dans cette classe d'individus. Chacun, par son désir

naturel de surpasser ceux qui l'environnent,
cherche à montrer, par sa dépense, le plus
de richesses qu'il lui est possible, afin de s'attirer une plus grande portion de cette considération que les hommes attachent toujours
à la fortune.

(45) L'émulation du travail est susceptible
d'une infinité de degrés, et elle est toujours
proportionnée à cette force qui est dans
l'homme, et que j'appelle *énergie*. C'est l'é-
nergie qui fait exceller les hommes dans leurs
facultés : elle est le principe du courage dans
le militaire, du génie dans l'artiste et l'homme
de lettres, de la vertu dans le magistrat, et
de l'activité dans l'homme industrieux. Les
nations qui ont le plus brillé par l'éclat des
armes, sont celles aussi qui ont jeté le plus
d'éclat dans les sciences, les arts ou le commerce, quand leur énergie a pris cette direction.

Je n'examinerai pas ici s'il est plus avantageux à une nation de diriger son énergie vers
la profession des armes, ou bien vers le commerce et la culture des beaux-arts ; cette
question est étrangère à l'objet que je traite.
Je considère ici l'homme sous le point de vue
du travail qu'il crée sans cesse. Mon but est

d'analyser les différentes périodes par où passe l'homme quand son énergie s'y applique.

(46) L'activité de l'homme qui travaille n'est pas la seule cause qui accumule la richesse ; car si le désir de la jouissance actuelle était toujours en équilibre avec cette activité, l'état des choses resterait toujours le même ; et si l'homme, depuis l'origine des choses, eût toujours autant dépensé de travail qu'il en a produit, les richesses ne se seraient jamais accumulées. C'est l'économie qui, en accumulant le travail superflu exigible, a créé successivement et perfectionné les différentes sources de rente ; c'est ce principe, par conséquent, qui est la cause du perfectionnement de l'espèce humaine. Car, si de tout ce qui appartient à l'homme, et si de son existence perfectionnée, on retranche par la pensée les différens travaux superflus que l'économie y a accumulés dans tous les âges, l'homme ne sera plus qu'un sauvage au milieu des productions brutes de la nature.

(47) Supposons maintenant une nation énergique, transportée sur un sol vierge, où les sources de rente sont toutes à créer. Cet ordre de chose force les individus au travail et à l'économie, pour se créer des

sources de rente. Comme le défrichement des terres dans un sol vierge, et parmi un peuple nouveau, est la source de rente la plus nécessaire, la plus productive et la plus facile à créer, c'est à la culture de la terre que s'applique le premier travail superflu exigible, et les nouvelles terres qui se présentent toujours à cultiver, facilitent la population qui n'éprouve aucun obstacle à se distendre. Les premiers arts qui accompagnent la culture, se développent avec la même facilité. Ainsi, les sources de rente croissent et se ramifient rapidement ; il faut donc que l'argent qui sert à la circulation du travail, se raréfie successivement pour se répandre dans les nouveaux canaux qui croissent sans cesse : cette raréfaction produit un concours proportionné pour l'argent ; sa rente doit donc être à un taux très-haut, ce qui détermine à s'en servir le moins possible, et à multiplier le papier de crédit. Les autres rentes se mettant au niveau de la rente de l'argent, toutes auront un produit considérable relativement au capital qui servira à les acquérir. Dans ce pays, les grands gains des sources de rente détermineront de plus en plus à les multiplier ; il y aura donc un grand concours pour ache-

ter le travail, et sur-tout le travail naturel ;
au contraire, le travail de luxe sera à un
très-bas prix, relativement à l'autre. Tels
seront les rapports des choses dans cette nation croissante. Si nous la comparons avec
les nations plus avancées, elle formera un
peuple pauvre, où tout sera à un prix inférieur. Le bon marché des sources de rente,
les grands profits à y faire, détermineront
une foule de capitalistes à aller placer leurs
fonds pour créer ou agrandir des sources de
rente. Ainsi, la rareté de l'argent déterminera
une pente rapide à ce métal pour y affluer :
le prix inférieur de toutes choses, relativement aux autres pays, facilitera l'écoulement
du produit du travail au dehors, et par conséquent l'écoulement du numéraire au dedans.
Les manufactures s'y multiplieront, les arts
s'y perfectionneront, et la nation s'enrichira.
On voit que ce développement est précisément l'histoire de l'accroissement de la richesse de l'Amérique septentrionale, de la
Hollande, et de tous les peuples énerg[   ]s
qui, pauvres dans leur origine, ont fini par
devenir des nations riches et puissantes.

On conçoit que la richesse de la nation n'a
pu croître que parce que tous les individus

se sont efforcés de se vaincre mutuellement par
leur activité et leur économie ; et que par
conséquent, l'émulation du travail est le principe de l'accroissement de la richesse des
peuples.

La nation a commencé son accroissement
par la culture', les arts de première nécessité
et la population : elle l'a continué par les manufactures, le commerce et les beaux - arts.
Le commerce lui procure, tous les ans, une
balance proportionnée à son activité et à son
économie : cette balance, qui doit définitivement se payer par les autres nations en argent, doit faire surabonder ce métal.

(48) Cependant le numéraire aura beau
affluer, il ne pourra pas augmenter le niveau
de l'argent circulant ; car, tant que la nation
sera active, laborieuse, économe et commer-
çante, tant que l'émulation du travail la do-
minera, le prix des choses ne pourra pas
augmenter en vertu de l'affluence des fonds,
parce que tous les individus, comme acheteurs, ne peuvent pas donner aux choses un
prix qui les empêcherait de vendre aux marchés de l'Europe, ou du monde commerçant :
donc le prix courant des marchandises dans
ce marché général, est la limite qui restreint

les prix de tous les travaux qui leur sont appliqués, et par contre-coup le prix des denrées qui nourrissent les industrieux et les
travailleurs ; donc les fonds que le commerce
accumule dans la nation, ne peuvent pas se
répandre dans la circulation pour en hausser
le niveau ; donc il faut qu'ils s'appliquent aux
sources de rente, soit pour les accroître ou
pour en créer de nouvelles : mais il est évident alors que l'affluence des fonds et le grand
concours des capitalistes doivent faire baisser
la rente de l'argent. C'est ainsi qu'avant la révolution, les Hollandais faisaient le transport
de toutes les marchandises du monde à meilleur marché que tous les autres peuples
navigateurs, et en même temps la rente de
l'argent n'était qu'à deux pour cent dans
ce pays.

Si les capitalistes avaient la même facilité
de prêter leurs fonds ailleurs, comme dans
leur pays, ou s'ils pouvaient les appliquer à
l'amélioration des sources de rente qui sont
hors de leur territoire, aussi aisément q le
peuvent le faire sur les biens qui les en-
ronnent, cette surabondance ou ce regorgement d'argent se répandrait par-tout où il
serait moins abondant. Mais il n'en est pas

ainsi ; l'extrême confiance qu'exige le prêt de l'argent, rend les placemens des fonds très-hasardeux et très-difficiles quand ils sont très-éloignés. Il en est de même de l'application des fonds aux autres sources de rente. Quand quelqu'un emploie ses capitaux à acquérir ou améliorer un bien qui est dans le lieu de sa résidence, il a toute la facilité possible d'en tirer le produit : cette facilité diminue à proportion de l'éloignement de ce bien ; et quand il est situé chez une nation différente, les difficultés d'en retirer tout le produit, sont quelquefois insurmontables. Un Anglais, par exemple, domicilié à Londres, ne sera guère tenté d'acheter des propriétés foncières en Suède ou en Russie ; la difficulté de retirer le produit de sa rente, rendrait nul l'avantage qu'il y aurait d'un autre côté à placer ses fonds sur des biens de ces deux pays, plutôt qu'à Londres. Il faut donc que les capitaux surabondans s'appliquent de préférence aux sources de rente des pays où ils sont.

Mais à mesure que l'argent s'accumule et que la concurrence des capitalistes augmente, ils sont déterminés à employer leurs fonds à créer de nouvelles sources de rente, en éten-

dant les branches du commerce: c'est alors
que la nation se livre au commerce des pays
lointains et aux spéculations hasardeuses.
Les capitaux surabondans font naître et ap-
pellent de tous côtés des matelots et des ouvriers de toute espèce ; la nation devient
extrèmement riche et populeuse, étend au
loin son commerce, etc. Telle est la situation
de l'Angleterre ; les nouveaux fonds que lui
procure tous les ans la balance de son commerce, sont employés à créer de nouvelles
branches d'industrie, de nouveaux canaux
de circulation, à créer et à multiplier des colonies, et à étendre enfin son industrie sur
tout le globe.

Cependant la mère-patrie ou le point cen-
tral d'un état aussi riche et aussi ranimé, est
aussi le lieu où surabonde davantage l'argent
qu'accumule sans cesse la balance toujours
croissante du commerce; c'est donc aussi le
lieu où les sources de rente sont le plus saturées de fonds et d'améliorations. Je citerai
encore pour exemple, l'Angleterre, est le
pays de l'Europe où l'agriculture est la plus
perfectionnée, où les ateliers et les manufactures sont fournis des machines et des ustensiles les plus parfaits. Le peuple anglais,

avide et laborieux , est toujours dominé par
l'émulation du travail ; là , l'homme riche et
opulent met sa gloire , non pas à avoir de
nombreux domestiques et à étaler un grand
faste , mais à occuper un grand nombre d'ouvriers, et à perfectionner quelque branche
d'industrie. C'est ce même esprit qui règne
dans la Hollande , et qui en a fait toute la
richesse.

(49) Or, maintenant l'opulence d'un peuple
peut-elle aller toujours en croissant ; ou bien
a-t-elle un terme au-delà duquel elle décroît
au lieu d'augmenter ? C'est ce qu'il s'agit d'examiner. A proportion que la balance du commerce fait affluer les fonds , la concurrence
des capitalistes, comme on l'a vu, fait baisser
la rente de l'argent , et par contre-coup les
autres rentes, puisque, par leur nature, elles
tendent toujours à se mettre en équilibre (6).
Ainsi les sources de rente deviennent de jour
en jour plus productives absolument, et moins
productives relativement; c'est-à-dire que les
améliorations successives qu'elles reçoivent,
les rendent susceptibles de donner un produit
absolu plus grand ; mais la valeur de ce produit, relativement à celle du capital que coûte
la source de rente, va toujours en décrois-

sant. En outre, plus les sources de rente sont améliorées, moins elles sont susceptibles de recevoir de nouvelles améliorations, et les dernières sont toujours plus dispendieuses, relativement à l'accroissement du produit qu'elles donnent. Donc le désir ou le besoin d'appliquer ses fonds à l'amélioration des sources de rente, va en décroissant; donc l'accumulation de l'argent doit faire baisser sa rente de plus en plus; donc l'avantage que chaque individu peut retirer de ses gains, va toujours en décroissant; donc l'émulation du travail va toujours en diminuant dans la même proportion. En même temps l'émulation pour la dépense augmente; le nombre de ceux qui cessent de travailler et qui veulent faire parade de leurs richesses par l'ostentation, croît tous les jours. Le nombre de ces consommateurs fait hausser le prix des choses, parce que les vendeurs profitent de leur concurrence et de leur abondance d'argent: plus le prix du travail augmente, plus le commerce avec l'étranger décroît; plus le nombre de ceux qui veulent accroître leur fortune par le commerce diminue, plus le nombre de ceux qui veulent jouir et consommer s'accroît. Il vient donc un point où ce nombre fait dominer l'émulation de la dépense sur celle du travail ; alors le goût pour le faste et le luxe succède à l'économie, à l'activité et à l'ambition d'accroître sa fortune. On regarde ceux qui travaillent pour s'enrichir comme dans une classe inférieure, et l'émulation de la dépense fait une première classe de ceux qui n'ont plus besoin d'acquérir.

Alors cette classe, qui n'est plus forcée de limiter les prix des choses par la nécessité du commerce, fait hausser leur prix par sa concurrence, et détruit le commerce actif avec l'étranger : cette surabondance de fonds, accumulée sur les sources de rente, s'écoule dans la circulation, et élève le niveau de l'argent, ce qui le détermine à s'écouler au dehors.

En même temps d'autres nations naissantes et que leur pauvreté rend économes et actives, présentent au marché de l'Europe des marchandises plus perfectionnées et moins chères, fait tomber les ateliers et les fabriques de la nation qui décline. Toutes les autres sources de rente participent à ce décroissement ; il se trouve par-tout trop d'ouvriers ; les extrémités de toutes les branches sont remplies de malheureux qui se gênent par leur trop grande concurrence, et que chaque

branche

branche rejette. Les extrémités de la branche immense des ouvriers naturels est remplie de malheureux que la misère moissonne, parce que la population se trouve alors trop grande, à raison de la diminution du commerce et de la demande du travail : il y a des fortunes immenses, un grand luxe et beaucoup de misère.

(50) Si l'on compare les symptômes d'un peuple croissant à ceux d'un peuple qui décroît, on voit qu'ils sont diamétralement opposés. 1°. Chez la nation croissante, l'émulation pour le travail productif ou pour l'accroissement des sources de rente, a sa plus grande force. 2°. Ce travail est demandé, et la concurrence le met à un haut prix ; tandis que le travail improductif pour le luxe n'éprouve que peu de demandes. 3°. Les sources de rente prennent de grands accroissemens. 4°. La population augmente. 5°. L'argent est rare ; sa rente a beaucoup de valeur, mais elle tend à décroître. 6°. Les sources de rente ont un grand produit relatif, et un faible produit absolu, mais elles tendent constamme augmenter ce dernier, et à diminuer le premier. 7°. Le commerce actif ou d'exportation tend à s'accroître, et le courant de l'argent est du dehors au dedans.

G

(51) Chez une nation décroissante, au contraire, 1°. l'émulation pour le travail productif est à son dernier point de décroissement, et l'émulation pour la dépense a sa plus grande force. 2°. Le travail productif, peu demandé, est à un très-bas prix ; au contraire, le travail improductif pour le luxe est recherché et à un très-haut prix. 3°. Les sources de rente ne prennent plus d'accroissement et tendent à décroître. 4°. La population diminue. 5°. L'argent est abondant, et sa rente, qui a d'abord peu de valeur au commencement du décroissement de la nation, tend constamment à croître, parce que l'émulation pour la dépense tend constamment à détourner, pour la dépense du luxe, l'argent nécessaire à la conservation des sources de rente. 6°. Les sources de rente, au commencement du décroissement, ont un grand produit absolu et un très-petit produit relatif ; mais elles tendent constamment à augmenter le dernier et à diminuer le premier. 7°. Le commerce actif ou d'exportation décroît et s'anéantit, et le courant de l'argent est du dedans au dehors.

(52) Pendant tout le temps du décroissement de la nation qui décline, l'argent s'é-

coule constamment au dehors ; l'émulation
pour la dépense négligeant le travail productif nécessaire à la conservation des sources
de rente , elles se détériorent constamment ;
la nation s'appauvrit donc de jour en jour.
Cette émulation pour la dépense se répandant dans toutes les classes , aucun individu
n'est porté à accumuler du travail superflu ;
de - là le goût du faste , l'inertie et la folle
vanité. Tel est l'état de l'Espagne , du Por-
tugal , etc. Tel sera un jour celui de l'Angleterre : cette nation , à son plus haut point de
grandeur , touche à l'instant qui la verra décroître. On verra ci-après quelle est la cause
qui a pu et qui peut encore retarder cette
époque.

Une nation décroissante , en s'appauvris-
sant constamment , tend donc à un terme de
détérioration et de pauvreté , qui fera décroître et anéantira l'émulation de la dépense, et fera renaître l'émulation du travail,
c'est - à - dire que le décroissement successif
d'une nation tend à amener une génération
pauvre, active, laborieuse, et qui recommence la même période qu'elle a déjà parcou-
rue. Telle serait la suite constante des changemens qu'éprouveraient les diverses nations,

G 2

si les guerres et les révolutions n'intervertis-
saient souvent cet ordre.

Tel est l'ordre des choses, que rien n'est
stationnaire dans la nature ; tout croît et décroît. Ces fluctuations d'activité et d'inertie
ne sont pas également sensibles chez tous les
peuples ; elles ne se remarquent principalement que chez ceux qui ont eu des accroissemens saillans.

(53) Cette période de changemens qu'é-
prouvent les peuples considérés les uns par
rapport aux autres, s'observe dans une même
nation, relativement aux différens individus
considérés respectivement entr'eux. Ceux qui
naissent actifs, et que la pauvreté rend économes et laborieux, consomment moins qu'ils
ne travaillent ; leurs sources de rente ou leur
fortune s'accroît à proportion : mais à mesure
qu'ils s'enrichissent, le besoin de l'économie
et du travail diminue, l'émulation de la dépense superflue naît et s'accroît ; on veut paraître arrivé dans une classe où l'on n'a plus
besoin d'amasser. Ainsi, en considérant l'existence de l'homme perpétuelle et toujours con-
tinuée par la reproduction, ou plutôt en ne
considérant que les familles, on voit qu'elles
sont sujettes aux mêmes périodes que les na-

tions; après qu'elles ont passé par les différens degrés d'accroissement, l'émulation de la dépense et la cessation du travail les énervent, et affaiblissent leur activité; la continuité des jouissances détruit leur énergie, mine insensiblement ce principe de vie qui fait la force du tempérament. C'est parmi les familles opulentes que l'on voit décroître la population; les individus, se livrant sans obstacles à tous les excès des passions, altèrent leur santé et leur fortune, et ne donnent naissance qu'à des êtres faibles et mal organisés. Ainsi les familles, dans leur décrépitude, ne présentent plus que peu d'individus ruinés, affaiblis, énervés, qui, au lieu de tendre à renouveler leur espèce, cèdent la place à des familles naissantes et plus vigoureuses. Ces effets sont continuels; comme on voit, dans une antique forêt non exploitée par la main des hommes, les vieux chênes mourir, et faire place aux jeunes pousses.

Plusieurs philosophes, en admettant cette période de croissement et de décroissem nt dans les familles, ont prétendu qu'elle ne s'appliquait pas aux nations: ils ont considéré que toute nation étant composée de gens qui n'ont rien, et d'autres qui regorgent de ri-

chesses, il doit y avoir constamment émulation de travail chez les uns, et émulation de
dépense chez les autres ; qu'en général une
nation, en tout temps, est un assemblage de
familles qui sont toutes à différens degrés de
leur accroissement ou de leur décroissement,
de même qu'elle est, en tout temps, un assemblage d'individus de tous les âges, qui,
en se renouvelant continuellement, présentent toujours la même scène également variée.

Pour répondre à ceci, il faut distinguer les
causes qui produisent l'accroissement, puis
le décroissement des familles dans un état, de
celles qui font croître et décroître les nations
en masse. Je considère d'abord le principe
de l'accroissement et du décroissement des
familles. L'émulation, prise généralement,
est le mobile de toutes nos actions, qui ne
sont pas d'ailleurs commandées par la nécessité ou par le plaisir. C'est également l'émulation qui porte l'homme à acquérir des richesses, et qui le porte ensuite à en faire parade par son luxe : cette dernière émulation
est la suite nécessaire de l'émulation du travail ; c'est nécessairement le terme où aboutit
celle-ci. L'homme n'est porté à accroître sa
fortune, que pour se procurer la jouissance

de jeter un plus grand éclat dans la suite, et pour surpasser, par sa dépense, un plus grand nombre d'individus. C'est en vain que l'émulation du travail se prolonge ; elle a nécessairement un terme : quand l'industrieux a acquis de quoi surpasser les plus riches par l'éclat de sa dépense, il n'a plus de motif d'accroître sa fortune ; au contraire, c'est alors que son motif de la dépense est le plus grand possible ; c'est donc là qu'il faut qu'il aboutisse, autrement son travail n'aboutirait à rien. Mais tant que je ne considère que les individus les uns par rapport aux autres, rien ne fait voir encore qu'il en doit résulter un accroissement et un décroissement de richesses pour la nation totale ; car si toutes les familles doivent passer par cette période, il faut que les familles pauvres croissent aux dépens de celles que l'émulation de la dépense fait décroître ; et il doit y avoir toujours un mélange de familles croissantes et de familles décroissantes, de manière que l'un soit compensé par l'autre, et qu'il en résulte toujours, dans la nation, une même masse de richesses.

Mais je viens maintenant aux causes qui font croître et décroître les nations les unes par rapport aux autres. Il faut d'abord ad-

mettre, comme un premier fait, que tous les
hommes ne naissent pas avec la même énergie ; il faut regarder encore, comme un fait
aussi incontestable, que le mélange des individus, ayant plus ou moins d'énergie, n'est pas
le même chez toutes les nations ; c'est-à-dire
que toutes les nations ne sont pas également
énergiques. Enfin il est également vrai que
plus les nations ont d'énergie, plus les individus, ou les familles qui les composent, re-
culent le terme où l'émulation de la dépense
prend la place de l'émulation du travail ; c'est-
à-dire, plus elles travaillent long-temps, et
plus elles amassent de richesses avant de
jouir. Cela posé, supposons une nation plus
énergique que celles qui l'environnent ; il en
résultera que ses sources de rente seront plus
améliorées, et par conséquent plus productives ; son commerce s'étendra davantage ;
elle aura l'avantage sur toutes les autres, pour
vendre le produit de son industrie au marché
du monde commerçant ; elle acquerra donc
une balance de commerce en sa faveur ; sa
richesse croîtra, ses capitaux s'accumuleront.
Mais ils auront beau s'accumuler ; son activité
la portant à toujours vendre aux autres nations, il faudra bien qu'elle tienne le niveau

de sa circulation égal à celui des nations à qui elle veut vendre : il faut donc que l'argent s'accumule et regorge de plus en plus ; il faut donc que la nation arrive au terme où son décroissement est nécessaire, comme on l'a déjà fait voir. Ainsi ; de la supériorité d'énergie d'une nation, et de ses relations avec les autres, il en résulte d'abord que sa richesse doit croître aux dépens de celle des autres ; et de cet accroissement résulte le décroissement, comme on l'a développé.

Quand plusieurs nations qui se joignent diffèrent peu entr'elles par leur énergie, alors elles ne présentent chacune que la scène constamment variée des familles croissantes et décroissantes ; mais elles sont à peu près toujours dans le même état respectif, considérées l'une par rapport à l'autre. Tel est le tableau uniforme que présente le vulgaire des peuples dans les fastes de l'histoire ; mais si l'une d'elles a plus d'énergie, alors elle prendra nécessairement un accroissement proportionné à son surplus d'énergie, puis le décroisser ent en résultera. Ainsi l'accroissement et le décroissement des nations dépendent de leurs relations entr'elles, et de la différence de leur énergie.

Le même ordre de choses a lieu, en considérant l'énergie des peuples dirigés vers la guerre. Quand différentes nations qui se touchent sont égales en force et en énergie, elles se maintiennent en équilibre ; mais si l'une d'elles l'emporte sur les autres, elle finira par les absorber, formera une nation puissante, qui commencera à décroître également, quand elle n'aura plus d'ennemis à vaincre. Mais le développement de ceci est étranger à mon sujet.

CHAPITRE VI.

(54) ON a vu ci-dessus (30) l'espèce de simi-
litude qu'il y a entre la circulation du sang et
celle du travail. Prolongeons cet aperçu autant qu'il peut s'étendre, et analysons tous les
traits de ressemblance qu'il y a entre ces deux
espèces de circulation. Il est nécessaire auparavant d'exposer le tableau de la circulation
du sang.

1°. Le sang disséminé dans toutes les parties du poumon, et contenu dans les dernières
ramifications d'une infinité de vénules, s'é-
coule vers le cœur dans des vaisseaux qui
vont toujours en se réunissant, et finit par
aboutir à une seule grosse veine, qui est la
veine pulmonaire, d'où il s'introduit dans le
ventricule gauche du cœur.

2°. A mesure que le sang arrive, l'action
de ce viscère le comprime et le force d'en
sortir, pour entrer dans l'aorte ou la grande
artère ; alors il s'écoule en s'éloignant du

cœur, et se répand dans toutes les parties du corps par une suite de ramifications divergentes, qui se terminent en un nombre infini d'artérioles.

3°. Tous ces petits vaisseaux s'abouchent, à leurs extrémités, à autant de vénules, qui reçoivent ce sang et le ramènent vers le cœur par un cours semblable, mais opposé; c'est-à-dire par une ramification convergente, jusqu'à ce qu'il aboutisse à une seule veine, qu'on appelle la veine cave, d'où il s'introduit dans le ventricule droit du cœur.

4°. A mesure que le sang y arrive, la compression de ce viscère le force d'en sortir et d'entrer dans l'artère pulmonaire, d'où il s'écoule encore en s'éloignant du cœur, et en se ramifiant successivement sur toutes les parties du poumon.

5°. Les extrémités de ces ramifications correspondent à autant de vénules, dans lesquelles le sang s'abouche et revient par la veine pulmonaire dans le ventricule gauche du cœur, pour recommencer la circulation, comme on vient de l'expliquer.

On voit que le sang, d'abord divisé dans toutes les parties du corps, aboutit au cœur par une ramification convergente, et qu'il en

sort ensuite par une ramification divergente;
que, parvenu aux extrémités de cette ramification, il revient encore au cœur par une
seconde ramification convergente, et qu'il en
sort par une seconde ramification divergente :
d'où l'on peut considérer le système de la circulation du sang, composé de quatre ramifications différentes ; savoir, deux ramifications
convergentes, et deux ramifications divergentes, qui alternativement ramènent le sang
vers le cœur, et forment son cours quand il
en sort.

Le système des artères par où le sang s'é-
coule en s'éloignant du cœur, forme une ramification analogue et correspondante au système des veines par où le sang revient au
cœur : de sorte que le système des artères
pulmonaires, est semblable et correspond à
celui des veines pulmonaires ; et le système
de toutes les ramifications de l'aorte, est analogue et semblable au système de toutes les
ramifications de la veine cave.

(55) Il s'agit maintenant d'analyser la circulation du travail, pour la comparer avec
celle-ci. Je considère les magasins des commerçans comme le centre de la circulation :
c'est là que vient se rendre tout le produit du

travail; c'est-à-dire, c'est là qu'aboutissent
toutes les marchandises auxquelles les différentes branches d'industrie ont appliqué successivement la somme des travaux qui constitue leur valeur. A mesure qu'elles arrivent
dans ce réservoir, elles en sortent en se partageant successivement dans les boutiques des
marchands, où elles reçoivent leur dernier
degré de ramification divergente, par la vente
en détail. Tous les individus qui achètent pour
leur consommation, forment autant de petits
vaisseaux de cette dernière ramification : c'est
aussi par eux que commence la circulation
semblable de l'argent, mais dans un sens contraire; l'argent s'écoule des mains de chaque
consommateur, aboutit dans les boutiques des
détaillans, et de là vient se rendre, des différentes boutiques, dans les magasins d'où
était sortie la marchandise.

A mesure que l'argent entre dans la caisse
du négociant, celui-ci lui fait parcourir, le
long des branches qui ont fourni le travail,
une suite de ramifications correspondantes,
et parfaitement semblables à celles qui ont
amené le travail, mais dans un sens contraire.
Quand l'argent a fini son cours, il se trouve
disséminé entre les mains de tous les proprié-

taires de rente et de tous les travailleurs ; et
par-tout où il s'arrête , c'est là que la consommation commence ; c'est-à-dire que l'argent
reçu par tous les travailleurs et par les propriétaires de rente , et qu'ils ne font pas couler
plus loin pour l'accroissement des sources de
rentes , est employé pour la consommation :
c'est donc à eux qu'aboutissent les dernières
ramifications divergentes de la marchandise
qui s'écoule des magasins. C'est aussi par eux
que commence la circulation convergente de
l'argent , qui sort de leurs mains pour retourner aux magasins ; c'est-à-dire que c'est là
que s'abouchent les extrémités de la ramification divergente de l'argent , avec les extrémités de sa ramification convergente ; comme
c'est aux dernières ramifications des artères
et des veines, que le sang s'abouche des unes
dans les autres.

(56) La circulation générale du produit du
travail, a donc deux systèmes de ramifications différentes : la première , qui amène le
produit du travail dans le magasin , c'est celle
que j'appellerai *ramification du travail* : la
seconde, qui conduit la marchandise du magasin du négociant jusqu'à ses dernières ramifications où elle se consomme ; je l'appel-

lerai *ramification de marchandises*. Ces deux ramifications ont chacune leur ramification monétaire correspondante parfaitement semblable, de manière que chaque vaisseau de travail ou de marchandise correspônd à un vaisseau monétaire de même valeur, qui coule en sens contraire : de même qu'à chaque vaisseau de la ramification de la veine cave, correspond un vaisseau analogue de la ramification de l'aorte ; et de même pour les deux ramifications de l'artère et de la veine pulmonaire.

Le magasin du négociant peut être comparé à un des ventricules du cœur, et sa caisse à l'autre ventricule.

(57) Non-seulement toute boutique de négociant peut être considérée comme le centre d'une quadruple ramification, mais encore toute source de rente également. Je considère une manufacture de draps : quand l'étoffe arrive au magasin du manufacturier, elle renferme alors tout le travail que la laine a reçu avant d'arriver à la manufacture, et celui que la manufacture lui a appliqué ; c'est donc une ramification convergente de travail qui aboutit à ce magasin. Ce drap en sort ensuite, en se ramifiant d'abord dans les boutiques, puis

entre

entre les mains des consommateurs ; l'argent
qui sort de leurs mains , revient à la manufacture par une ramification analogue à celle
qui en a fait sortir le drap : de là il en sort
pour remonter entre les mains de tous ceux
qui ont fourni le travail , et par une ramification semblable. Ainsi le magasin du manufacturier est le centre de deux ramifications ;
l'une de travail , l'autre de marchandise ; et de
deux ramifications analogues de numéraire.

En considérant pareillement chaque tronc
de veine avec le tronc de l'artère qui lui correspond , l'ensemble de ces deux troncs forme
un centre d'une quadruple ramification , absolument semblable à celle du cœur. En effet,
le sang qui coule à chaque instant par l'artère,
s'en éloigne par une ramification divergente,
puis revient par une ramification convergente
dans le tronc de la veine , que je considère
comme formant un centre avec l'artère adja-
cente. Le sang , en continuant de s'écouler,
s'éloigne encore de ce centre par une ramification divergente , puis revient dans ce''e "n
tère par une ramification convergente.

Le cœur peut être considéré comme la réunion de la plus grosse veine et de la plus grosse
artère , liées ensemble par la réunion de plu-

H

sieurs muscles, qui forment ce qu'on appelle *le cœur*.

(58) En épuisant tous les rapports de cette comparaison, je considère que le corps ne se forme et ne prend son accroissement que par le prolongement et la ramification de tous les vaisseaux sanguins, et par la consommation continuelle du sang qui sert à l'accroissement de toutes les autres parties du corps : ainsi tout ce qui ne fait pas partie de la circulation, en est le résultat : ainsi c'est la circulation du sang qui est le principe de l'accroissement physique de l'homme.

De même tout ce qui appartient à l'homme, et qui ne fait plus partie de la circulation du travail, est le résultat de cette circulation. Je ne borne pas ce résultat à ce qui constitue la richesse et la propriété de l'homme ; mais il s'étend à tout ce qui le distingue de l'homme sauvage ; tout ce qui fait l'objet de son éducation, sa formation morale et intellectuelle, enfin toute son *existence travaillée*, est l'effet de la circulation du travail qui lui a été constamment appliqué depuis son enfance. Si de l'existence physique de l'homme, on retranche par la pensée tous les accroissemens successifs que la circulation du sang a pro-

duits , il ne restera plus qu'un germe. De
même si l'on retranche par la pensée tout ce
que la circulation du travail a ajouté à l'existence travaillée de l'homme , il ne restera plus
que des sauvages épars dans les forêts. Ainsi
la circulation du sang fait l'existence physique
de l'homme , comme la circulation du travail
fait son existence travaillée ; et ces deux circulations s'opèrent d'une manière semblable.

(59) Quand le besoin attire la marchandise ,
elle circule plus vîte ; et à proportion qu'elle
sort plus rapidement du magasin , le vide qui
s'y fait , aspire en quelque sorte le produit du
travail , qui coule alors avec plus de vîtesse ;
cette rapidité , se communiquant à toutes les
sources du travail , augmente leur activité.
Quand , au contraire , le besoin diminue , la
circulation de la marchandise se ralentit ; elle
reste donc en stagnation dans le magasin ;
cette stagnation ralentit aussi le courant du
produit du travail , et par contre-coup finit
par affaiblir l'activité qui le produit dans ses
premières sources. Ainsi c'est le besoin q i
développe l'énergie , et c'est l'énergie qui produit le travail.

A proportion que la circulation du travail
et de la marchandise se ralentit ou s'accélère,

la circulation monétaire suit absolument les mêmes variations ; ainsi sa circulation dépend également du besoin et de l'activité.

(60) On vient de voir que chaque consommateur formait autant de points où la ramification divergente de l'argent s'abouchait avec sa ramification convergente. S'il y avait un parfait équilibre entre le besoin qui attire la marchandise, et l'activité qui la pousse dans la circulation ; ou bien si la dépense du travail était toujours égale à sa production, alors les systèmes de ramifications seraient toujours les mêmes, et s'aboucheraient toujours dans les mêmes points. Mais si un individu, par exemple, au lieu de continuer à consommer tout le travail qu'il produit, réserve une partie de l'argent qui parvient à lui, à créer du travail productif, il se créera une source de rente ; l'argent qu'il y emploie forme de nouvelles ramifications de travail ; il n'est plus alors un dernier vaisseau de la ramification, il forme alors un tronc ; et si on imagine qu'un grand nombre de consommateurs fassent de même, le système de la ramification du travail s'étendra, en se ramifiant de la même manière que sa ramification monétaire correspondante.

Par une conséquence nécessaire, il faut
que le système de la circulation marchande
se prolonge d'une manière analogue, pour
que ses dernières ramifications puissent coïn-
cider avec ces nouvelles ramifications; c'est-
à-dire qu'à proportion que la ramification du
travail s'étend, il faut que la ramification marchande s'étende également; et par une conséquence nécessaire, il faut que leurs ramifications monétaires correspondantes s'éten-
dent de la même manière.

Pareillement à proportion que les artères
projettent de nouvelles branches, il se forme
aussi de nouvelles branches de veines correspondantes; ainsi la ramification de l'aorte
croissant, la ramification de la veine cave
croît de la même manière; l'impulsion im-
primée au sang ne se borne pas à projeter
ainsi de nouvelles branches dans le système
des veines et des artères, mais encore dans
toutes les glandes, les viscères, et toutes les
autres parties qu'il nourrit et fait croître dans
la même proportion; ce qui fait l'accroi e
ment analogue de tout le corps. De même
l'activité accroît d'abord les quatre systèmes
de ramifications de la circulation, puis, par
contre-coup, toutes les sources de rente, et

l'existence travaillée de l'homme s'agrandit à proportion.

(61) L'argent est la seule chose qui ne croisse pas à proportion : si le système des canaux où il circule augmente, sa quantité dans chacun diminue dans le même rapport ; c'est le produit des mines qui alimente ce véhicule de la circulation, et qui répare ce qui s'en perd par le frottement.

La différence qu'il y a encore entre la circulation de l'argent et celle du travail, c'est que le travail ne subit que ses deux circulations ; l'une convergente, et l'autre divergente ; puis une partie se consomme, et l'autre se fixe sur les sources de rente ; ce sont ces sources qui le reproduisent sans cesse, au lieu que le même argent sert toujours ; après avoir fait une révolution, il en recommence une autre.

On voit que l'argent n'est que l'instrument de la circulation du travail. On dit que l'argent fait tout, qu'il fait naître l'industrie et le travail. L'argent est pour l'industrie, ce qu'est le pinceau pour le peintre, le ciseau pour le sculpteur, la plume pour l'écrivain : ce sont des instrumens sans lesquels, sans doute, ils ne peuvent rien faire, et qu'ils se procurent

d'abord. De même toute accumulation de travail, toute création de rente commence par
l'argent; il faut que celui qui n'a rien, commence par gagner de l'argent pour faire quelque chose, comme il faut commencer par se
procurer une plume pour écrire. Mais l'argent est encore moins nécessaire que ces instrumens dont je viens de parler; on peut y
suppléer en partie par du papier de crédit.

(62) Le corps, dans sa jeunesse, prend des
accroissemens rapides; c'est-à-dire que le
système de la circulation projette continuellement de nouvelles branches, et les ramifications de toutes les autres parties croissent
également. Mais il vient un terme où elles
ne peuvent plus s'étendre davantage; le sang
dont la masse croît toujours, surabonde;
toutes les parties du corps sont dans une espèce de gonflement qui fait toutes les grâces
et la beauté du corps : c'est le printemps de
l'âge, c'est la saison de l'amour et des plaisirs; c'est alors que la force de la circulation
se porte sur les organes que la nature a destinés à recevoir cette surabondance pour la pro-
pagation de l'espèce; c'est alors que l'homme
sent cette inquiétude, cette impulsion secrète
qui le porte à se reproduire.

Après ce bel âge, la nourriture que le sang
apporte aux différentes parties du corps, les
rend de plus en plus dures et inflexibles :
de-là le jeu de toutes ces parties devient embarrassé dans ses mouvemens ; de-là la circulation devient de plus en plus gênée, les
dernières artérioles s'obstruent. Cette difficulté de circulation dans les dernières ramifications, trace sur la peau les rides, que la
vieillesse multiplie et sillonne de plus en plus :
bientôt le sang, ne pouvant plus s'élaborer
dans ses différentes glandes trop obstruées,
conserve des principes hétérogènes, qui oc-
casionnent les infirmités, les maladies et la
mort. Ainsi la cause qui fait l'accroissement
du corps, est la même qui le fait décroître et
périr, quand il est parvenu à un certain point
d'accroissement.

La même chose a lieu pour le système général du travail. Quand une nation commence, toutes les sources de rente sont à
créer, c'est-à-dire que les ramifications sont
à faire; mais si la nation est active et énergique, elles croissent rapidement; les individus consomment peu, et accumulent du
travail. Le produit relatif des rentes étant
alors le plus grand possible, les individus

ont la plus grande détermination possible à les
accroître ; aussi la ramification du travail s'é-
tend rapidement, comme on voit le corps
croître dans la jeunesse. A proportion que le
travail superflu s'accumule, ces sources de
rente s'en saturent, leur produit relatif diminue ; l'argent qui afflue devient de plus en
plus surabondant ; sa surabondance détermine
à étendre toutes les sources de rente ; mais
comme un pays est toujours circonscrit par
d'autres, qui font un effort opposé à celui
qu'il fait pour se distendre, il arrive à un
terme où la surabondance des fonds détermine un certain nombre d'individus à aller
les placer plus avantageusement dans des pays
lointains et nouveaux, en formant des colonies ; c'est alors qu'une nation active en re-
produit d'autres. Mais, comme on l'a vu plus
haut, la surabondance de l'argent croissant
toujours dans la mère-patrie, le besoin ou le
désir de l'accumuler diminue, et le désir de
dépenser augmente ; alors l'émulation de la
dépense empêche que la ramification du travail ne s'étende : non-seulement le système de
la circulation ne croît plus, mais les sources
de rente se détériorent, le système de la ramification du travail diminue, l'activité de la

nation va toujours en s'affaiblissant, la population décroît, l'existence travaillée se détériore, la somme des connaissances, arriérée
relativement aux progrès toujours croissans
de l'esprit humain, ne présente que d'antiques
préjugés et de vieilles erreurs ; de la vanité
sans élévation dans l'ame, du faste sans richesses, l'inertie et la misère, voilà les symptômes de la vieillesse des peuples considérés
respectivement entr'eux, et de la vieillesse
des familles considérées dans un même état.
Les guerres, les révolutions et la misère sont
le terme de leur existence, et en même temps
le principe de leur renaissance.

(63) Les nations énergiques qui croissent
par la guerre, subissent la même période de
décroissemens : la guerre se sature de richesses
en les pillant, l'industrie en les créant. Mais
dans ces deux cas, le point de saturation est
le commencement du décroissement. Il se fait
de même par l'émulation du faste et de la dépense ; l'inertie et la vanité prennent la place
du courage.

(64) Je résume maintenant en peu de mots
ce que j'ai dit sur la circulation.

1°. La circulation est toujours formée de
deux courans opposés ; celui du travail, et

celui de l'argent, dont la valeur est toujours
égale à celle de la marchandise correspondante, et qui sert à la mesurer.

2° L'argent peut être représenté par le
papier de crédit qui coule à la place de l'argent, et la quantité de ce papier qu'on peut
employer croît à raison du crédit, c'est-à-
dire à raison de la bonne foi et de la moralité.

3°. La masse totale de la richesse du monde
commerçant, a donc une valeur égale à celle
de la somme totale du papier de crédit et de
l'argent qui circule.

4°. La circulation du travail et de l'argent
est l'effet de l'énergie humaine, et c'est le besoin qui la développe.

5°. L'argent n'est qu'un instrument qui sert
à la circulation.

6°. L'argent, par sa nature, tend à se
mettre de niveau dans tout le monde commerçant.

7°. Ce niveau général s'élève à raison du
produit des mines et de l'étendue du crédit
général, et s'abaisse à raison de l'étendue de
la ramification du travail.

8°. Ce niveau a une variété constante d'un
pays à l'autre, à raison des obstacles naturels

et artificiels que le transport de ce métal éprouve à ses différentes sorties.

9°. Ce niveau a des fluctuations occasionnées par l'alternative de l'émulation du travail, et de l'émulation de la dépense qui varie chez les différens peuples. L'émulation du travail accumule l'argent sur les sources de rente, et l'émulation de la dépense abaisse cette accumulation.

10°. Cette fluctuation du niveau de l'argent est le baromètre de l'accroissement et du décroissement de la richesse des peuples.

11°. Le commerce, pris généralement, est la circulation de tout le travail; il réunit dans son centre le travail de toutes les branches qui l'ont produit, et le ramifie ensuite pour sa consommation: il reçoit ensuite dans son centre la valeur monétaire de tout le travail, et le distribue à toutes les branches qui l'ont produit.

CHAPITRE VII.

DES ÉTATS ET DE LEURS RELATIONS RÉCIPROQUES.

(65) LES hommes n'ont pas pu se réunir en société, sans former différens états qui eussent un centre de force vers lequel toutes les parties aboutissent.

Tous les états réagissent les uns contre les autres, avec un effort qui les tient respectivement en équilibre : c'est cette réaction continuelle qui constitue un état et en forme un être politique. S'il ne réagissait pas, l'action de tous les états ambians l'absorberait, il se décomposerait en parties intégrantes des états absorbans.

Ce n'est pas seulement en temps de guerre que les peuples réagissent les uns contre les autres ; ils réagissent toujours comme des ressorts tendus contre l'obstacle qui les retient. Tout état agit constamment, non-seulement pour conserver et entretenir sa force

de réaction , mais encore pour l'accroître autant qu'il est possible. La paix est l'équilibre
de tous les ressorts tendus , et la guerre est
le développement de ces mêmes ressorts qui
se développent et se détendent les uns contre
les autres.

Cet ordre de choses est une suite nécessaire de la nature de l'homme. Il est né avec
la tendance à s'accroître et à se multiplier ,
et il n'est arrêté que par l'impossibilité d'aller
au-delà. Je remonte dans la pensée au temps
où les sociétés se sont formées , et je considère d'abord un état composé d'individus
actifs : en vertu de leur nature , ils tendront
à croître et à s'étendre ; et s'ils ne rencon-
trent aucun obstacle , ils continueront toujours de défricher et de multiplier , comme
l'expérience le prouve. Maintenant, si je considère que d'autres nations aient également
germé autour de celle-ci , et qu'elles croissent de même , leurs circonférences finiront
par se toucher : elles se porteront donc un
obstacle mutuel à leur agrandissement et à
leur population. Le penchant inné qui les
porte à se distendre , les portera donc à détruire l'obstacle qui s'y oppose ; elles seront
donc portées à se repousser réciproquement ;

et comme l'obstacle réciproque ne peut s'ôter qu'en détruisant les individus qui le composent, ou en les repoussant, elles seront donc portées par leur nature à se heurter, à se choquer, à se faire la guerre et à s'entre-détruire.

Quand deux nations se sont fait la guerre, et qu'elles ont éprouvé leurs forces, si l'une s'est trouvée plus faible, elle cède à l'autre une portion de terrain pour obtenir de ne plus être repoussée par la force, et celle-ci ne l'accepte que parce que ce parti lui paraît plus avantageux que la continuation de la guerre. Alors les deux nations se reposent, et elles sont ce qu'on appelle en état de paix. Mais pendant ce repos, l'état des choses change ; chacune des deux nations cherche, par tous les moyens, à augmenter sa population et sa force, afin d'être en état d'opposer une plus grande résistance que la première fois. Quand une nation croit sa force augmentée, elle recommence le choc.

Voilà la base de toutes les guerres : de quelque manière que la politique les combine, elles aboutissent à ce principe ; et la paix n'est jamais qu'un repos qui ne dure que jusqu'à ce que l'une des puissances contractantes

se croie plus en état de résister ou de repousser, qu'elle ne l'était quand elle a fait la paix.

Voilà pourquoi tous les peuples de la terre
se sont fait la guerre dans tous les temps. On
ne doit cependant pas dire que l'homme a
reçu directement de la nature le penchant
de se battre. L'homme a reçu directement
le penchant de croître et de s'étendre ; et
c'est par une conséquence nécessaire de ce
penchant, qu'il combat les obstacles qui s'y
opposent.

Au reste, quoi qu'il en soit, un état, par
sa nature, travaille constamment à réagir
contre les états qui l'environnent, et l'état
de paix n'est qu'une préparation à la guerre.

(66) Dans l'origine des sociétés, tous les
hommes jeunes et vigoureux s'assemblent pour
combattre, puis retournent à leurs foyers pour
cultiver leurs terres. Mais dans les états civilisés, lorsque la somme du travail superflu
forme un système de sources de rentes étendu
et compliqué, l'effort politique pour réagir est
devenu une partie du produit de toutes ces
sources de rentes. Tous les états ont donc cherché à augmenter la masse totale de l'accumulation du travail superflu ou le produit de toutes
les rentes ; afin que, toutes choses égales d'ailleurs,

leurs, la partie de ce produit, qui fait l'effort politique, pût être plus considérable.

On voit d'abord évidemment que l'inté-rêt de chaque état est de chercher tous les moyens d'augmenter la richesse de sa nation, et de diminuer celle des autres. Il s'agit main-tenant de voir si les prohibitions et les en-traves dont chaque état embarrasse le com-merce, peuvent atteindre ce but.

Je vais donc considérer les différens avan-tages qui résultent des échanges mutuels que les différens peuples se font entr'eux ; et pour ne pas confondre les questions, je suppose d'abord que les nations qui font ces échanges, sont stationnaires, c'est-à-dire que je fais abstraction de leur accroissement, et je sup-pose qu'il y a équilibre entre la dépense et la production du travail.

(67) Le travail, dans les différens pays de la terre, donne des productions analogues au sol. Par l'échange du commerce, les in-dividus d'un pays quelconque se procurent les productions de toutes les contrées de la terre.

Voici maintenant ce qu'il faut observer. Un pays tire d'un autre une marchandise qui lui est étrangère, d'abord lorsqu'elle pro-duit plus de jouissance que la denrée du pays

I

qui la remplacerait : ainsi , les peuples du
Nord achètent des vins des contrées du Midi,
parce que la boisson du vin procure une
jouissance plus grande que celle de la bierre
qui , dans ces pays , la remplace. En second
lieu , un pays tire encore d'un autre les denrées qui peuvent être produites chez lui, mais
à plus de frais que les mêmes qu'il tire de
l'étranger. Ainsi , un pays dont le sol four-
nirait des vins précieux, tire d'un pays voisin
le blé qu'il pourrait faire croître sur son sol,
parce que le produit du même terrain en
vignes est plus considérable.

Il est évident que ces échanges sont à l'a-
vantage des deux contractans qui les font :
s'ils n'étaient qu'à l'avantage d'un seul, ils ne se
feraient pas. Voyons maintenant comment se
partage l'avantage de ces deux contractans. Je
considère un pays qui , avec un travail donné ,
appliqué à une vigne , en obtient par échange
une quantité de blé double ou triple de celle
qu'il se procurerait , en appliquant ce même
travail à cultiver du blé au lieu de vigne :
maintenant , quelle est la cause qui a établi
ainsi le rapport de la valeur du vin à celui
du blé ? Il faut considérer que , dans le principe , la première fois que les deux différens

propriétaires ont voulu faire leur échange, le
propriétaire du vin a cherché à avoir la plus
grande quantité de blé pour une quantité
de vin déterminée ; et réciproquement le propriétaire du blé a cherché à avoir la plus
grande quantité de vin pour une quantité de
blé déterminée : faisons ici abstraction de la
concurrence, ou bien supposons-la égale de
part et d'autre. Dans ce cas, la détermination
de vendre ou d'échanger a été, dans chaque
parti, en raison de l'avantage que l'échange lui
procurait. Or, il arrive la même chose que
dans la détermination des prix ci-dessus (13) ;
chacun des deux contractans profite du désir
de l'autre, pour vendre le plus cher possible ;
tant qu'un prix est plus avantageux à un parti
qu'à l'autre, celui pour qui il est plus avantageux a un plus grand désir que l'autre, et
cet autre en profite pour augmenter son prix :
la lutte tend donc à rendre les déterminations
égales, et elles le sont quand il y a équilibre,
c'est-à-dire quand l'avantage est partagé également entre les deux partis. Donc le p ?
mitoyen, ou le prix d'équilibre, partage toujours l'avantage total de l'échange en deux
parties égales entre les deux contractans.
Quoique ce prix varie constamment par la

variété des concurrences, il se ramène toujours à ce terme fixe d'équilibre. Donc, quand
deux pays s'échangent mutuellement les productions de leur sol, il en résulte en général
un avantage égal de part et d'autre ; donc
un pays qui interdit l'échange ou l'entrée
d'une marchandise étrangère, se prive d'un
avantage égal à celui dont il prive l'autre pays.

(68) Dans la plupart des états commerçans de l'Europe, les gouvernemens, pour
favoriser les branches industrieuses, empêchent l'exportation des matières premières,
afin de les tenir à un prix inférieur pour favoriser le travail des industrieux : c'est ainsi
qu'en Angleterre l'exportation des laines non
travaillées est défendue sous les peines les
plus sévères, afin de faciliter aux fabricans
les moyens d'alimenter leur travail. Dans ce
pays, ceux qui vendent la laine écrue, ou
les premiers vendeurs de laine, forment une
branche industrieuse, moins favorisée qu'elle
ne le serait si les acheteurs anglais avaient
pour concurrens les acheteurs des autres pays ;
elle est par conséquent moins avantageuse
que toutes les autres branches qui ne sont
pas ainsi restreintes : mais en vertu de l'é-
quilibre des choses, une branche ne peut pas

être constamment moins avantageuse que les autres. Supposons donc que la loi prohibitive s'établisse pour la première fois, un grand nombre de ceux qui appliquaient leur travail à cette branche ingrate, la quitteront pour s'attacher à d'autres plus favorables ; et cette désertion continuera, jusqu'à ce que l'équilibre soit rétabli entre l'avantage de cette branche et l'avantage des autres ; c'est-à-dire jusqu'à ce que la diminution de la concurrence des vendeurs ait compensé la diminution de concurrence des acheteurs ; c'est-à-dire enfin, que le pays produirait moins de laine qu'il n'en aurait produit avec un commerce libre, et que les fabricans la paieront tout autant que dans le premier cas, et l'abondance de la laine ne sera pas plus grande dans ce cas-ci que dans le précédent ; enfin, tout sera dans le même rapport. Ainsi l'état aura donc diminué à pure perte une branche de commerce.

(69) Ce que je dis peut s'appliquer à la défense que font la plupart des états d'exporter le blé hors de leur territoire. Le motif de cette loi est la crainte de voir le blé trop renchérir, et la population diminuer. Sans doute, si la libre circulation du blé n'est pas une loi constante, au premier instant où elle

aura lieu, le blé deviendra trop cher : car, selon l'ordre des choses, avant la loi qui permettait la libre exportation du blé, il y avait équilibre dans cette branche, en conséquence de la loi de prohibition qui avait lieu auparavant. Par la levée de cette prohibition, le concours des acheteurs pour cette branche devient alors plus grand que pour les autres branches ; le blé doit donc commencer par être trop cher : mais alors une plus grande quantité d'individus affluent vers la branche d'agriculture, pour y appliquer leur industrie ou leurs fonds, jusqu'à ce qu'il y ait équilibre entre cette branche et les autres. L'affluence du travail multiplie la concurrence des vendeurs, augmente la denrée ; alors le prix du blé baisse et reprend son prix d'équilibre, c'est-à-dire qu'il reprend le prix qu'il avait lorsque l'exportation était défendue.

L'effet contraire a lieu, lorsque l'on commence à interdire l'exportation qui était permise auparavant. La branche des vendeurs de blé devient tout-à-coup moins favorable que les autres, par la diminution de la concurrence des acheteurs, et par la surabondance de la denrée : le blé devient à trop bon marché, et *le peuple, dit-on, est heureux*. Mais ce défaut d'équilibre diminue bientôt, par la retraite d'un grand nombre d'individus qui vont appliquer leur industrie et leurs capitaux ailleurs, et le blé finit par être aussi cher qu'il était. La seule différence est que le pays en produit moins ; il n'en produit plus que relativement à la diminution des acheteurs, et il a autant à craindre des années de disette que dans le premier cas. Ainsi ces loix prohibitives ne produisent aucun des effets pour lesquels on les établit ; elles ont pour but, dans ce cas, de diminuer la production de cette denrée, et voilà tout.

Les gouvernans s'imaginent toujours que la subsistance du peuple dépend des mesures qu'ils prennent : il faut observer que la population se distend toujours autant qu'elle peut, et elle n'est arrêtée que par l'impossibilité de se distendre davantage, ce qui fait que sa limite est la misère ou la guerre. Si les loix favorisent la production des subsistances, la population se distendra. Si elles la restreignent, elle diminuera ; mais, les choses remise e équilibre, ce sera toujours la misère ou la guere qui limiteront la population.

Ce que je dis de la branche industrielle de l'agriculture, peut s'appliquer à toute autre

branche. On voit que toutes les loix prohibitives qui entravent le courant des choses ,
n'obtiennent l'effet qu'elles se proposent , que
pendant le temps que dure le défaut d'équilibre qu'elles ont rompu ; mais qu'après l'é-
quilibre établi , chaque loi prohibitive produit toujours un désavantage, qui est partagé
également entre le pays qui fait la prohibition
et celui qui la supporte.

(70) Je placerai ici une remarque essen-
tielle, et qu'il ne faut jamais perdre de vue ;
c'est qu'il ne faut pas confondre l'effet passager qui résulte d'une loi qu'on établit, avec
l'effet qui doit avoir lieu lorsque les choses
ont repris leur équilibre. Toute loi qui atteint
cet ordre de choses, dérange pour un instant
l'équilibre, et produit un premier effet qui n'est
pas du tout celui de la loi : ce premier effet n'a
lieu que jusqu'à ce que l'équilibre soit rétabli,
et alors naît l'effet constant de la loi portée.

(71) Les gouvernans s'inquiètent de voir
que les individus se fournissent pour leur
consommation de marchandises étrangères ;
ils s'imaginent que ces importations font languir les manufactures nationales , font sortir
l'argent et diminuent la masse des richesses.
Mais il faut considérer que toutes les fois que

l'on préfère les marchandises étrangères à celles du pays, c'est que les étrangers les vendent moins cher à qualités égales, que les industrieux nationaux ; il en faut alors conclure qu'il est plus avantageux pour la nation, que cette marchandise soit faite par des mains étrangères : et si les industrieux nationaux, malgré l'avantage qu'ils ont toujours sur les ouvriers étrangers, leur laissent le champ libre, c'est qu'ils ont trouvé plus avantageux d'appliquer leur genre d'industrie à une autre branche ; c'est qu'enfin ils gagnent davantage à faire autre chose.

(72) Toutes les fois que le commerce jouit d'une liberté entière, chaque individu applique ses fonds ou son industrie aux branches qui lui offrent plus d'avantages, et qui, en général, lui présentent plus de richesses à acquérir ; par conséquent tous les individus agissent constamment de manière à donner à la richesse nationale le plus grand accroissement possible, puisque la richesse nationale est le résultat de toutes les richesses particulières. Ainsi, quand chaque individu est libre de faire ce qu'il veut, toutes les branches ont l'application de fonds et de travail qui leur convient ; chaque canal prend la direc-

tion qu'il doit avoir. Chaque peuple tire de
son sol le produit le plus avantageux, et ne fait
venir du dehors que ce qu'il est plus utile
d'acheter de l'étranger, que dans le pays qu'il
habite. Sans doute il se trompe quelquefois ;
mais chaque erreur est punie par une perte
qui le ramène toujours. Il n'en est pas de
même des gouvernans ; ils ne sont pas aussi
intéressés à bien voir, et ils sont presque
toujours trompés par l'intérêt de ceux qui
sollicitent toutes ces loix prohibitives, dont
le but est de favoriser quelques monopoleurs
au détriment du bien général.

(73) Voilà toujours à quoi aboutissent les
prohibitions. En effet, dans tous les points
commerçans du globe, une foule d'industrieux
actifs et jaloux d'acquérir des richesses, exa-
minent quelles sont les productions d'industrie les plus susceptibles d'être demandées ;
ils cherchent, au défaut de demandes réelles,
à provoquer les demandes, en perfectionnant
quelque branche, en abrégeant le travail et
en donnant plus de jouissances avec moins
d'argent. Ceux qui réussissent à perfectionner quelque branche d'industrie, attirent à
eux des acheteurs aux dépens d'autres branches dont on abandonne les productions. Les

industrieux qui voient leur branche moins
achalandée, ou la quittent pour s'attacher à
la nouvelle branche perfectionnée, ou cherchent à perfectionner à leur tour. Il en résulte
donc une lutte continuelle entre tous les industrieux et les propriétaires de rentes, pour
simplifier le travail, le perfectionner et augmenter la somme des jouissances. C'est cette
lutte continuelle qui excite l'énergie des individus, et la force toujours à perfectionner.

Si vous empêchez que vos voisins rivali-
sent avec les industrieux nationaux, vous
détruisez le principe qui développe leur énergie; savoir, la nécessité et l'émulation. Vos
ouvriers, ne suivant plus qu'une aveugle rou-
tine, resteront toujours dans le même état;
ou plutôt leur activité s'affaiblira, tandis que
l'industrie de vos voisins se perfectionnera :
cette différence croîtra par le temps; alors
la nation deviendra pauvre, inactive et arriérée. Pour empêcher que l'industrie ne s'af-
faisse et ne perde son activité, il faut qu'elle
soit constamment secouée et stimulée.

Il en est de l'industrie comme de la valeur
guerrière : un peuple belliqueux, à force de
faire la guerre à ses voisins, les met dans la
nécessité de devenir belliqueux à leur tour.

S'il se trouve parmi ces peuples une nation isolée, que la guerre épargne pendant une longue suite d'années, elle cédera au premier choc quand elle sera attaquée par un peuple accoutumé à la guerre.

C'est la crainte de se voir rivaliser qui, dans tous les temps, a sollicité des gouvernans toutes ces loix prohibitives qui gênent le commerce : on voit qu'elles ne contribuent en rien à augmenter la masse de la richesse nationale.

(74) Il en est de même du monopole que les différentes mères-patries de l'Europe exercent sur leurs colonies. En forçant les colons à vendre le produit de leur industrie exclusivement à la mère-patrie, on prétend établir, pour les négocians nationaux, une branche de commerce plus avantageuse que les autres ; mais on se trompe. En effet, imaginons que ce monopole s'établisse pour la première fois ; voilà d'abord une branche de commerce réellement plus avantageuse que toutes les autres, à raison de la diminution de la concurrence. Mais, d'après l'ordre des choses qui tend toujours à ramener l'équilibre, une branche ne peut pas être constamment plus avantageuse qu'une autre ; tous les industrieux viendront y appliquer leurs fonds, et

ils continueront d'y affluer jusqu'à ce que leur concurrence ait remplacé celle des étrangers que la loi du monopole a écartés. Alors l'équilibre sera rétabli ; et voici ce qui aura lieu. D'abord, la branche de commerce avec la colonie ne sera pas plus avantageuse que les autres, et elle sera comme elle était avant la loi du monopole. En second lieu, tous les nationaux qui seront venus y appliquer leurs fonds, les auront détournés d'autres branches qu'elles alimentaient ; leur retraite aura rendu ces branches à leur tour plus avantageuses ; d'autres industrieux seront venus y affluer aussi, et ainsi de suite de proche en proche : de sorte que les industrieux étrangers, qu'on avait écartés de la concurrence pour le commerce colonial, se trouveront avoir replacé leurs fonds et leur industrie sur d'autres branches aussi avantageusement qu'ils l'étaient avant la loi du monopole. C'est ainsi que l'on enlève tout-à-coup une quantité d'eau dans un endroit quelconque d'un étang, l'eau ambiante afflue d'abord dans la place vide, et le vide qu'elle fait à son tour en s'écoulant, est remplacé par l'eau qui la suit, et ainsi de suite ; et l'eau, de proche en proche, continue d'affluer jusqu'à ce que le niveau soit réparti par-tout comme auparavant.

Toutes les loix prohibitives imposées aux colonies, ne contribuent donc en rien à augmenter la richesse nationale. Il en résulte, au contraire, un inconvénient qui expose la mère-patrie à de grandes secousses, comme le remarque fort bien Smith; car si une guerre vient à supprimer ce commerce avec les colonies, comme il absorbe une trop grande partie des fonds nationaux, relativement aux autres branches, il en résulte une grande stagnation dans la masse de la circulation, et de-là tous les maux qui en sont la suite nécessaire.

Au reste, l'inconvénient qui résulterait de la suppression du commerce colonial, n'est que passager, comme tous les désavantages de la circulation du travail. Les fonds prendraient bientôt un autre cours, et l'équilibre se rétablirait. L'indépendance des Etats-Unis de l'Amérique est une preuve b.... manifeste de ce que j'avance. Non-seulement cet événement n'a porté aucune atteinte à la richesse nationale de l'Angleterre, il n'a même porté aucun obstacle à son accroissement; il est arrivé de-là que les capitaux que les Anglais employaient pour le commerce de cette

colonie devenue indépendante, se sont écou-
lés dans les Indes orientales pour alimenter
d'autres branches.

(75). Une colonie est un enfant ; c'est la
surabondance des capitaux de la mère-patrie
qui lui donne naissance, comme c'est à la
surabondance des sucs nourriciers de la mère
que l'enfant doit sa formation. La colonie et
la mère-patrie ont le même besoin réciproque
de se défendre ; même sang, mêmes mœurs,
mêmes loix, mêmes intérêts, tout les lie :
les colons doivent donc concourir, comme
les habitans de la mère-patrie, à former l'effort politique commun ; et voilà le seul avantage que la mère-patrie puisse retirer de ses
colonies. Elle doit donc employer toute sa
force à protéger la liberté de leur commerce,
au lieu de l'entraver. La force et la richesse
d'une colonie fait partie de la force et de la
richesse de la nation-mère : il en résulte un
tout qui forme une famille dont tous les
membres se prêtent un mutuel secours.

Mais les enfans ne sont pas destinés à toujours rester sous la protection de leur mère ;
la mère vieillit et meurt, tandis que les enfans deviennent forts et vigoureux. Il en est
de même des colonies par rapport à la mère-

patrie; celle-ci, subissant le sort attaché à tous
les êtres, perd sa force et vieillit; tandis que
les colonies, secouant alors un joug que
l'ordre des choses ne leur impose plus, forment à leur tour une nation pleine de vigueur qui succède à sa mère. C'est ainsi que
le siècle futur verra l'Angleterre languir dans
l'inertie de la vieillesse, tandis que les Etats-
Unis de l'Amérique jetteront le même éclat
dont elle brille maintenant.

(76) On voit donc, d'après tout ce qui vient
d'être dit, que toutes les loix qui gênent le
commerce de nation à nation, ne contribuent
en rien ni à augmenter, ni à affaiblir la puissance des états. J'ai supposé, pour le faire voir,
que les nations étaient stationnaires : rendons-
leur la propriété qu'elles ont de croître et de
décroître, on verra que le même effet doit
en résulter. D'abord, si la nation est croissante, la chose est évidente. Il est clair que
toutes les fois qu'elle tire une marchandise
de l'étranger, plutôt que de la fabriquer elle-
même, c'est qu'elle y trouve son avantage
pour son accroissement, vers 'equel elle tend.

(77) La chose paraît plus difficile à prouver
lorsque la nation est décroissante. Supposons-la donc parvenue à son maximum de
richesses,

richesses, et commençant à décliner : c'est alors que les prohibitions paraissent nécessaires. En empêchant l'argent de sortir , on force les individus à consommer le produit des manufactures nationales. Il semble que c'est le cas de retenir captive la richesse qui veut s'enfuir.

D'abord un peuple décroît , quand il en est venu au point que l'émulation de la dépense l'emporte sur l'émulation du travail. Dans ce cas , tout propriétaire de rente non-seulement la consomme toute entière, mais tous les ans il entame une partie du capital nécessaire à la conservation de sa source de rente , parce que l'émulation le porte à dépenser le plus qu'il peut , et l'empêche d'accumuler. Donc , après un certain temps , il est nécessaire que le revenu de toutes les sources de rentes soit moins grand , et que le système de toutes les ramifications du travail soit moins étendu. Or , ce décroissement aura également lieu , soit que l'on permette aux riches de faire écouler leur argent pour se procurer le produit de l'industrie étrangère, soit qu'on les restreigne à consommer le produit de l'industrie nationale. En effet , dans ce second cas , l'argent ne pouvant plus s'écouler au-

K

dehors , son niveau augmentera à proportion du décroissement du système de la circulation ; tout sera donc plus cher : mais
cette abondance d'argent , cette élévation de
niveau ne serviront à rien pour la richesse du
pays. Sa richesse n'est pas l'argent , mais l'é-
tendue de la ramification du travail , le principe qui la fait croître et l'émulation du travail qui porte chaque individu à accroître sa
source de rente : mais ici , le principe radical
qui la fait décroître est l'émulation de la dépense. Cette cause agissant toujours , le décroissement de la ramification du travail
doit toujours continuer , malgré l'élévation
du niveau de l'argent.

D'abord , à proportion que ce niveau haus-
sera , l'argent acquerra de la force pour s'é-
couler : mais supposons qu'on oppose à son
écoulement des digues plus fortes que l'intérêt qui tend à le faire sortir , qu'arrivera-
t-il de-là ? Il arrivera que l'industrie nationale,
isolée et n'ayant plus à lutter contre l'industrie toujours croissante des autres nations ,
décroîtra par sa propre inertie , par le défaut de rivaux et par le décroissement des
sources de rente ; elle dégénérera ainsi que
toutes les autres facultés de l'homme : et si ce

état d'isolement parfait dure un certain laps
de temps, la nation se trouvera arriérée relativement à toutes celles qui l'environnent,
et elle finira par ressembler à ces peuples du
Pérou qui avaient une industrie très-bornée,
un système de ramification de travail très-peu
étendu, et chez qui l'or était plus commun
que le fer parmi nous.

(78) Il faut observer que la multiplicité
des objets de luxe n'est pas nécessaire à l'é-
mulation de la dépense. Pourvu qu'on l'emporte sur d'autres pour la dépense, il n'im-
porte quel en est l'objet, la vanité est toujours satisfaite. C'est en vertu de cette tendance des individus à briller par la dépense,
que les sources de rente décroissent ; mais
comme la vanité peut toujours se satisfaire avec
le produit du travail qui reste, ce décroissement peut continuer jusqu'au point où des objets de peu de valeur, selon le cours ordinaire
des choses, acquièrent un prix exorbitant.
Il suffit qu'un objet coûte cher, pour que
l'émulation de la dépense le préfère ; il de
vient, entre les mains de celui qui le possède,
un indice de sa richesse. L'état a beau empêcher l'introduction des marchandises étrangères, le peu qui sera susceptible d'y entrer

par fraude y sera cher à proportion , et sa cherté même appellera des acheteurs. Quelques précautions que prenne le gouvernement, il lui sera impossible d'empêcher l'écoulement de l'argent, et d'isoler la nation. Tôt ou tard il arrivera que le produit de l'industrie étrangère s'y introduira, et que l'argent s'en écoulera ou par la guerre, ou par une révolution, ou par la force des choses. Ainsi les moyens que l'on prendrait pour arrêter cet effet nécessaire, ne serviraient qu'à le rendre plus funeste, en le rendant plus subit.

Il est donc nécessaire de laisser aller l'ordre des choses, et de permettre un libre cours à l'argent qui s'écoule.

(79) Quand on voit l'argent s'écouler hors d'un état, ou que la balance lui est défavorable, on juge qu'il s'appauvrit, et on croit empêcher cet effet en empêchant l'argent de sortir. Oui, sans doute, quand la direction du courant de l'argent est du dedans au dehors, la nation s'appauvrit; mais le moyen que l'on prend ne sert de rien pour l'en empêcher. En effet, en analysant exactement l'usage de l'argent dans les différentes positions où les nations se trouvent, on voit : 1°. qu'il est en général l'instrument nécessaire de la circu-

lation ; 2°. que, dans une nation croissante, l'argent surabondant et accumulé sur les sources de rente, est un instrument pour l'accroissement de la richesse, lorsque l'industrie l'emploie à créer de nouvelles ramifications de travail. Mais quand l'argent accumulé, au lieu d'alimenter de nouvelles ramifications, s'est répandu dans le système de la circulation, et qu'il en a haussé le niveau, non-seulement ce surplus est inutile à l'industrie, il lui est même nuisible, parce qu'il est cause que, tout étant trop cher, l'industrieux ne peut plus rien vendre à l'étranger, et que pour vendre aux nationaux, il a le désavantage sur l'étranger, toutes les fois que celui-ci peut parvenir à entrer en concurrence.

Il faut donc nécessairement, pour que l'industrie puisse renaître, que tout ce surplus d'argent s'écoule ; et comme le système de la ramification du travail décroît constamment, il faut attendre qu'il ne reste plus d'argent que ce qui est nécessaire pour être de niveau dans la circulation du système du travail qu' reste. A cette époque, la nation appauvrie est au terme de son décroissement et au point où elle recommence à croître ; alors sa pauvreté fait renaître l'énergie, et les sources de

rentes, détériorées et altérées de fonds, re-
demandent le travail superflu de l'industrieux,
et font renaître l'émulation du travail.

Donc il est nécessaire, d'après l'ordre des
choses, que les nations croissent et décroissent alternativement ; donc toutes les loix
prohibitives des gouvernemens ne pourront
pas empêcher cet effet.

(80) Les gouvernans cherchent à augmenter
la richesse de la nation, non - seulement en
favorisant le commerce national et gênant
le commerce étranger par les moyens qui
leur paraissent bons, mais ils voudraient encore que tous les individus, en faisant les plus
grands gains, fissent en même temps la plus
petite consommation possible, afin de pouvoir prendre une plus grande partie du travail
superflu.

Il s'agit d'examiner si les loix qui tendent
à restreindre les dépenses des individus, et
en général si toutes les loix somptuaires
peuvent réellement obtenir le but qu'elles se
proposent. J'observerai d'abord qu'il est impossible qu'aucune loi somptuaire puisse arrêter l'émulation de la dépense : si tel objet
de consommation est défendu, elle se portera
sur d'autres. Mais je suppose que les gouver-

nans réussissent à arrêter l'effet de l'émulation de la dépense , et qu'ils puissent mettre
des bornes au luxe , voici ce qui en résultera. On a vu ci-dessus que la limite de l'émulation du travail était l'accroissement de la
fortune , jusqu'au point où l'individu ne pût
être effacé par personne dans sa dépense.
Si donc les loix viennent à bout de la restreindre , cette limite se rapprochera ; il
faudra moins de fortune pour y atteindre ;
l'émulation du travail accumulera moins de
richesses : donc ces loix tendront à diminuer
la somme de la richesse nationale ; donc
elles n'obtiendront pas le but qu'elles se proposent ; donc, en général, toutes les loix prohibitives qui tendent à gêner la circulation
du commerce entre les différentes nations ,
ne peuvent pas obtenir le but qu'elles se proposent ; donc elles sont au moins inutiles.

Il n'a été question jusqu'ici que de prohibitions réelles déterminées par les loix , et
non par des restrictions qui résultent des
impôts que les états mettent sur l'entrée o
la sortie des différentes marchandises. Si ces
impôts ont pour but de favoriser le commerce national et de gêner le commerce
étranger, ils appartiennent à la question que

je viens de traiter, et leur but est manqué.
Mais s'ils n'ont pour but que de percevoir
sur le travail superflu la partie destinée à
former l'effort politique, ils appartiennent à
la question que je vais traiter dans le Chapitre
suivant.

(81) Avant de terminer celui-ci, j'observerai combien sont inutiles et même impoli-
tiques toutes les loix qui gênent dans l'intérieur la liberté du commerce et du travail;
tout ce qui vient d'être dit, en est une conséquence nécessaire. On voit combien sont ridi-
cules les loix qui prescrivent aux individus
le genre de culture qu'ils doivent adopter,
comme celle qui, dans les Gaules, défendit la
culture de la vigne; comme celle qui, ré-
cemment, ordonna le desséchement des
étangs, etc. etc. Les individus, en prenant
leur intérêt pour guide, suivent une règle
plus sûre que les spéculations souvent fausses
des gouvernans. Chacun cherche à tirer de
sa terre ou de sa source de rente quelconque,
le plus grand revenu possible; et il en résulte
toujours la plus grande richesse possible pour
la nation.

CHAPITRE VIII.

DE L'IMPÔT.

---

(82) L'EFFORT d'un état ne peut être que le résultat des efforts partiels de chaque citoyen; il faut donc que chacun mette en commun une partie du produit de son énergie et de son activité, non-seulement pour le maintien de l'ordre et des loix, mais encore pour former cette force qui est nécessaire aux états pour réagir contre les états qui les environnent, et que j'appelle effort politique. Il est évident d'abord que l'on ne peut pas retrancher de la masse de tout le travail de la nation, aucune portion de celui qui est nécessaire à la conservation des individus, et que par conséquent rien ne peut être soustrait du salaire nécessaire pour contribuer à former l'effort politique. Il est évident en second lieu, qu'on ne peut pas non plus retrancher aucune partie du travail nécessaire à la conservation des sources de rente, sans que la masse

de la richesse nationale diminue. L'effort politique ne doit donc être pris que sur le produit des sources de rente : c'est cette portion
du travail superflu exigible fourni par les
sources de rente, qu'on appelle *impôt*.

Les différentes manières de percevoir l'impôt, se ramènent à deux principales, qu'on
appelle l'une *directe*, et l'autre *indirecte*. L'impôt direct est celui qui se puise à l'origine
des différentes sources de rente : tel est celui
qu'on perçoit sur la rente des terres, de l'industrie, etc. L'impôt indirect est celui qui se
perçoit sur le consommateur, ou sur la marchandise au moment où elle passe entre
les mains des consommateurs. Ces deux espèces d'impôts doivent plutôt s'appeler impôt de la rente et impôt de la consommation.

(83) Il s'agit d'analyser les effets de ces deux
espèces d'impôts. Je considère d'abord un
propriétaire livrant ou vendant l'usage de sa
terre et de ses dépendances à un fermier,
moyennant une rente quelconque. Il est clair
qu'avant l'impôt, le prix de cette rente se fixe
par la lutte du fermier et du propriétaire,
comme se fixe le rapport de toutes les rentes
au principal qui l'a produit (41), et comme
se fixe aussi le prix de toute marchandise

entre le vendeur et l'acheteur (13) : ici le propriétaire est évidemment vendeur, et le fermier acheteur. Dans tous ces cas, chacun des contractans profite de la concurrence et du besoin de l'autre, pour lui faire payer la plus grande partie de la latitude, et ils ne finissent leur marché que lorsque leurs déterminations à conclure sont égales.

Supposons qu'au moment où ils sont prêts de conclure, l'état vienne à percevoir un impôt sur la rente que le fermier paie au propriétaire ; il est clair que le propriétaire ne cédera plus sa ferme au même prix qu'avant l'impôt. En effet, son gain ou sa rente étant plus faible qu'auparavant, la détermination qui l'a porté à la céder à son fermier n'est plus la même qu'elle était ; elle est évidemment plus faible que celle du fermier, à raison de tout l'impôt. Le fermier, en pesant de nouveau les deux déterminations, verra qu'elles ne sont plus égales ; il sera donc obligé, s'il veut déterminer de nouveau le propriétaire à conclure, de lui offrir de prendre à sa charge une partie de l'impot : mais tant que la portion qu'il prendra pour lui ne rendra pas la détermination du propriétaire égale à la sienne, le marché ne se conclura pas. Il faudra donc que l'impôt se répartisse entre les deux concurrens , de manière que les deux déterminations soient égales ; c'est-à-dire qu'il faut que l'impôt se répartisse entre le propriétaire et le fermier, ou en général entre le vendeur et l'acheteur, de la même manière que la latitude des prix.

Si l'impôt eût été mis sur l'acheteur au lieu de l'être sur le vendeur , il est clair que les mêmes raisonnemens qu'on vient de faire auraient lieu , et qu'il n'y aurait également équilibre entre les deux déterminations , que lorsque l'impôt serait réparti de la même manière que la latitude. Donc , lorsqu'il n'y a qu'un acheteur et qu'un vendeur, ou bien lorsqu'il n'y a qu'un propriétaire de source de rente et celui qui la fait valoir, l'impôt se répartit entre les deux contractans de la même manière , soit qu'il ait été mis d'abord sur le propriétaire , ou sur le fermier.

(84) Supposons maintenant qu'il y ait une suite d'acheteurs-vendeurs : par exemple, je considère le propriétaire d'une mûrière , vendant d'abord à un fermier l'usage de cette source de rente ; celui-ci vend les feuilles que son travail a fait croître , à un industrieux

qui élève des vers à soie ; ce dernier vend sa soie à un fabricant qui la vend à un marchand en gros ; de là, elle passe dans une boutique de détaillans , où les consommateurs l'achètent. Cela posé, supposons que l'impôt soit établi sur le propriétaire de la mûrière ; quelle que soit la suite des vendeurs, celui-ci ne traitera toujours qu'avec son acheteur immédiat , comme dans le premier cas , lorsqu'il n'y a qu'un acheteur et un vendeur : de même le second vendeur ne traitera qu'avec son acheteur, et ainsi des autres. Mais tous ces marchés sont liés et dépendent les uns des autres : lorsque le premier vendeur pèse la détermination de son acheteur , il considère que la partie de l'impôt qu'il fera tomber sur lui sera partagée avec le second acheteur , et que celui-ci la partagera avec le troisième, jusqu'au dernier; il évalue donc sa détermination à raison de la partie de l'impôt qui doit lui rester. Pour rendre ceci plus sensible et pour être plus simples , faisons abstraction, dans la suite des acheteurs - vendeurs, de leurs besoins et de leurs concurrences; ou plutôt supposons-les par-tout égaux, et représentons l'impôt ou. la taxe par la lettre T : cela posé, si, dans un premier marché, on n'avait pas égard aux autres acheteurs , l'impôt , à raison de cet équilibre de besoin et de concurrence , se répartirait en deux parties égales ; le premier vendeur garderait $\frac{1}{2}$ T. Maintenant le pre-mier acheteur , devenant second vendeur et traitant avec son acheteur indépendamment des acheteurs suivans , partage en deux par-ties égales la moitié de l'impôt qui lui reste, de sorte qu'il n'en est plus chargé que du quart , et son acheteur de l'autre quart : or , maintenant celui-ci , faisant de même , n'en garde plus qu'un huitième , et ainsi de suite; de sorte que si les marchés se font isolément , sans avoir égard aux autres acheteurs - ven-deurs , ils se répartiront comme on le voit dans le Tableau suivant :

npôt total T........$\left\{\begin{array}{l} \frac{1}{2}\,T\ldots\ldots\ldots\ldots\ldots\ldots\ldots \text{ Part du } 1^{er} \text{ vend} \\ \\ \text{art du } 1^{er} \text{ acheteur.}\left\{\begin{array}{l} \frac{1}{4}\,T\ldots\ldots\ldots\ldots \text{ du } 2^{d} \text{ vend} \\ \\ \frac{1}{4}\,T.\left\{\begin{array}{l} \frac{1}{8}\,T\ldots\ldots \text{ du } 3^{me} \text{ vend} \\ \\ \text{du } 2^{d} \text{ acheteur}\ldots\left\{\begin{array}{l} \frac{1}{8}\,T.\left\{\begin{array}{l} \frac{1}{16}\,T\ldots \text{ du } 4^{me} \text{ vend} \end{array}\right. \end{array}\right. \end{array}\right. \end{array}\right.$

du 3me acheteur............$\left(\frac{1}{8}\,T. \right.$

du 4me acheteur..................$\left(\frac{1}{16}\,T\ldots \right.$

Or , maintenant il est aisé de voir que les choses étant ainsi , les déterminations entre

les vendeurs et les acheteurs ne peuvent pas
être égales. Le premier vendeur, supportant
$\frac{3}{4}$ de l'impôt, et sentant qu'il n'en resterait
que $\frac{1}{4}$ à l'acheteur, verra que la détermination de ce dernier est plus grande que la
sienne, il l'attendra donc ; et celui-ci, s'il
veut conclure, sera forcé de prendre encore
à sa charge une portion de l'impôt resté au
premier vendeur : mais à mesure qu'il s'en
chargera, il le reversera sur l'acheteur suivant par la même raison, et celui-ci sur un
autre, et ainsi de suite. Il n'y aura équilibre
entre la détermination du premier vendeur et
celle de son acheteur, que lorsqu'ils supporteront chacun une partie égale de l'impôt, ou
au moins proportionnée à la capacité du travail qu'ils appliquent à la marchandise, et
que la partie restée à l'acheteur ne se partagera plus avec les acheteurs suivans. Pareillement l'équilibre aura lieu entre la détermination de cet acheteur-vendeur et celle
de son acheteur, lorsqu'ils supporteront chacun, d'une manière permanente, une part
d'impôt proportionnée à la capacité de l'industrie ou du travail appliqué à l'objet imposé ; il en sera de même de tous les acheteurs-
vendeurs, relativement à leurs acheteurs.

Donc l'équilibre aura lieu entre toutes les
déterminations des acheteurs-vendeurs, et
l'impôt cessera de s'écouler de l'un à l'autre,
lorsqu'il sera réparti sur chaque vendeur
proportionnellement à la capacité de son travail, ce qui s'effectuera par une suite de
marchés.

Supposons maintenant que l'impôt soit
mis sur le dernier acheteur ou sur le consommateur ; il est clair que tout ce que l'on
vient de dire pour faire voir comment l'impôt s'écoulait du premier vendeur jusqu'au
consommateur, s'applique parfaitement pour
prouver qu'étant mis sur le consommateur,
il doit s'écouler, en remontant de la même
manière, jusqu'au premier vendeur ; car les
déterminations du consommateur et de son
vendeur immédiat se mettront en équilibre
de la même manière précisément que celles
du premier vendeur avec son acheteur, et
ainsi des autres.

Si l'on suppose enfin que l'impôt est assis
sur l'un des vendeurs intermédiaires, sur
celui qui tient le milieu par exemple, il est
encore évident, par tout ce qu'on vient de
dire, qu'il s'écoulera partie à droite, partie
à gauche, jusqu'à ce qu'il soit réparti sur tous
les

les vendeurs , proportionnellement à la capacité du travail qu'ils appliquent à l'objet de
l'impôt.

Donc , de quelque manière qu'on asseye un
impôt sur une branche quelconque , il se répartira toujours de même ; donc l'impôt de
la rente et celui de la consommation , n'ont
aucune différence dans leur effet.

Pour concevoir comment l'impôt se répartit sur tous les acheteurs - vendeurs , imaginons une suite de tubes , se communiquant
entr'eux : si dans l'un d'eux on verse un liquide quelconque , il s'écoulera successivement dans tous les tubes , et l'écoulement
cessera lorsqu'il y sera de niveau. Alors le
liquide sera réparti dans tous les tubes , proportionnellement à leur diamètre , de même
que l'impôt est réparti sur tous les acheteurs-
vendeurs , proportionnellement à la capacité
de leur travail.

(85) Il s'agit d'exprimer par des formules
cette répartition uniforme de l'impôt. Je considère d'abord le premier vendeur livr t
immédiatement le produit de sa rente au
consommateur. Soit T la taxe , x la partie
payée par l'acheteur , $T - x$ sera celle payée
par le vendeur : soit aussi comme ci-dessus

L

(13), BN le besoin et la concurrence de l'acheteur, bn le besoin et la concurrence du vendeur. Cela posé, la partie payée par l'acheteur sera en raison de sa concurrence et de son besoin d'acheter ; celle qui restera à la charge du vendeur, sera de même en raison de sa concurrence et de son besoin de vendre : on aura donc cette proportion $x : T - x : : BN : bn$, d'où l'on a l'équation $bnx = BN(T-x)$, qui détermine l'équilibre entre les déterminations opposées et égales du vendeur et de l'acheteur, relativement à l'impôt.

De cette dernière équation on tire $x = \dfrac{BN}{BN+bn}T$ pour la partie de l'impôt payée par l'acheteur. Si on la retranche de l'impôt total T, on aura $\dfrac{bn}{BN+bn}T$ pour la partie payée par le vendeur : en ajoutant la première de ces deux valeurs à l'expression des prix (17), on aura, pour la valeur du prix total de la marchandise payée par l'acheteur après l'impôt, $P = s + \dfrac{BN}{BN+bn}(L+T)$.

Si de la même expression des prix on retranche la portion de l'impôt payée par le vendeur, on aura $P = s + \dfrac{BN}{BN+bn}L - \dfrac{bn}{BN+bn}T$;

T pour exprimer la valeur du prix de l'objet qui reste entre les mains du vendeur, quand l'impôt est payé. On voit que le gain du vendeur est diminué de la quantité $\dfrac{bn}{BN+bn}T$ de ce qu'il était avant l'impôt.

Lorsque cette dernière quantité $= \dfrac{BN}{BN+bn}L$, alors le gain du vendeur est nul, et il ne retire plus de la vente de son objet, que le salaire naturel du travail qui lui a été appliqué ; c'est la limite de l'impôt, parce qu'il ne peut pas atteindre le salaire naturel d'une branche quelconque sans la détruire ; ou bien il la diminue assez pour que des industrieux restans puissent, à raison de leur petit nombre, augmenter leur prix, de manière qu'il leur reste au moins le salaire naturel.

(86) Lorsqu'il y a un certain nombre de vendeurs, il est clair, d'après ce qu'on vient de voir, que la portion de l'impôt de chacun d'eux doit être en raison composée de la capacité de son travail, de son besoin et de sa concurrence. Soit donc bn, $b'n'$, $b''n''$

etc., le besoin et la concurrence des différens vendeurs et BN le besoin et la concurrence du consommateur; on aura cette suite de proportions.

$$c\,b\,n + c'\,b'\,n' + c''\,b''\,n'' \ldots + C\,B\,N : T$$

$$\therefore\quad \begin{cases} c\,b\,n : & \dfrac{c\,b\,n\,T}{c\,b\,n + c'\,b'\,n' \ldots + C\,B\,N} \\[2ex] c'\,b'\,n' : & \dfrac{c'\,b'\,n'\,T}{c\,b\,n + c'\,b'\,n' \ldots + C\,B\,N} \\[2ex] c''\,b''\,n'' : & \dfrac{c''\,b''\,n''\,T}{c\,b\,n + c'\,b'\,n' \ldots + C\,B\,N} \end{cases}$$

dont les quatrièmes termes expriment les portions de l'impôt qui sont supportées par chaque vendeur; et la partie supportée par le consommateur, sera

$$= \frac{C\,B\,N.\,T}{c\,b\,n + c'\,b'\,n' + c''\,b''\,n'' \ldots + C\,B\,N}$$

Si on ajoute cette dernière quantité à la valeur des prix exprimés dans les formules, art. (26), on aura l'expression des prix payés par les consommateurs après l'impôt; et si on retranche de la valeur de ces mêmes prix les parties de l'impôt payées par les vendeurs, on aura l'expression du prix des objets qui restent entre les mains des vendeurs après l'impôt payé, comme on le voit dans les secondes formules du Tableau suivant.

(87) On vient de voir comment se répartit l'impôt entre les différens industrieux et les consommateurs ; mais cette répartition n'est pas ce qui constitue la *charge de l'impôt* ou son effet réel : c'est cet effet qu'il s'agit maintenant d'analyser.

Je considère d'abord l'impôt réparti entre un seul vendeur et le consommateur. S'il était payé tout entier par l'acheteur, son besoin se restreindrait, et par conséquent la consommation diminuerait à raison de tout l'impôt ; le gain du vendeur diminuerait donc à raison de cette diminution de consommation. Ainsi, quoique dans ce cas il ne paraisse solder directement aucune taxe, il supporte réellement une charge de l'impôt. Si on suppose au contraire que l'impôt soit payé tout entier par le vendeur, il diminuera directement son gain de toute cette somme ; mais alors la consommation restant la même, il ne perdrait rien de ce côté-là. Enfin, l'impôt se partageant entre le vendeur et l'acheteur, le gain du vendeur diminue : 1°. à raison de la part de l'impôt qu'il paie ; 2°. à raison de la diminution de la consommation qui en résulte. Ainsi l'on voit déjà, par ce premier cas, que la charge de l'impôt supportée par le vendeur, est différente de la répartition qu'il en paie : on voit que, quelle que soit la portion de la taxe qu'il paie directement, la charge de l'impôt qu'il supporte est à raison de la taxe qu'il paie et de celle que paie le consommateur.

(88) Ce que l'on vient de dire peut s'appliquer à une suite d'acheteurs - vendeurs, relativement au consommateur. Mais supposons maintenant une mère - branche qui se divise en deux ou plusieurs branches-sœurs , composées chacune d'une suite d'acheteurs-vendeurs (27) : d'abord, si l'impôt est assis sur la mère-branche , il est évident , d'après ce qui a été dit, qu'il se répartira sur les différentes branches-sœurs , proportionnellement à la capacité du travail qu'elles contiennent. Mais supposons que l'impôt s'établisse directement sur la consommation de l'une des branches-sœurs , voici ce qui arrivera : l'impôt , en restreignant les besoins des consommateurs , diminuera les gains des industrieux de cette branche imposée : 1°. à raison de la diminution de la consommation; 2°. à raison de la portion de l'impôt qu'ils paieront directement : cette branche diminuera donc. La mère-branche, vendant moins à cette branche paralysée , se trouve avoir une surabondance de marchan-

dises qui la détermine à baisser son prix ;
de - là les gains de l'autre branche - sœur
croissent, et y déterminent l'augmentation
de la consommation (27). Ainsi l'impôt assis
sur l'une des branches-sœurs, y diminue la
consommation et le gain des industrieux, et
augmente l'une et l'autre dans l'autre branche-
sœur. Par exemple, je suppose qu'on établisse
un impôt sur le vin, dans les cabarets et dans
les autres lieux de consommation, et qu'on
n'établisse aucun impôt sur l'eau-de-vie ; les
premiers vendeurs de vin, c'est-à-dire ceux
qui composent la branche-mère, voyant une
de leur branche de consommation diminuée,
se trouveront forcés de diminuer le prix de
leur vin ; alors la branche-sœur qui s'occupe
à distiller et à vendre de l'eau-de-vie, l'obtien-
dra à meilleur marché, et cet avantage
parviendra jusqu'à la consommation, qui
pour lors se distendra.

On voit donc que le premier effet général
de l'impôt, est de diminuer le gain des vendeurs et le nombre des consommateurs, a
les branches imposées. Mais son effet ne s'arrête pas là : d'abord, toutes les branches
imposées, en conséquence du désavantage
qu'elles éprouvent, se raccourcissent, et leurs

extrémités disparaissent (8) ; ceux qui les composaient vont s'attacher à d'autres branches plus lucratives , y augmentent la concurrence , et vont par conséquent y diminuer le gain , jusqu'à ce que le désavantage de la branche imposée se soit réparti sur toutes les autres branches (27) : donc la charge de l'impôt se répartit également sur tous les vendeurs , tant de la branche imposée, que de celles qui ne le sont pas.

(89) C'est donc en vain que le capitaliste cherche à cacher son porte-feuille; l'impôt atteint la rente de son argent , comme il atteint la rente du propriétaire foncier et toute autre rente , parce que définitivement , si l'impôt n'atteignait pas le capitaliste , l'avantage momentané qui résulterait pour la rente de l'argent, augmenterait la concurrence, jusqu'à ce que cet avantage soit nivelé avec les autres.

C'est donc bien vainement que les économistes s'épuisent en moyens pour chercher à atteindre , par l'impôt , les branches qui lui paraissent inaccessibles : l'impôt que l'on perçoit sur une branche d'industrie , ressemble à la saignée que le chirurgien fait au bras ; la veine qu'il a piquée n'est pas plus appauvrie de sang après l'opération , que

toutes les autres parties du corps. Il en est de
même du gain que l'impôt soutire d'une branche ; le gain des autres branches vient tout-à-
coup y affluer pour rétablir l'équilibre.

(90) Quant à la consommation, ce n'est
pas seulement celle de l'objet imposé qui diminue par l'effet de l'impôt; cette diminution
s'étend sur presque tous les objets. En effet,
tout individu qui se trouve obligé d'acheter
l'objet qu'il consomme plus cher à cause de
l'impôt, est nécessairement forcé de diminuer
sa dépense sur quelqu'autre objet, et les dépenses qu'il retranche sont toujours celles
qui lui sont les plus inutiles ou les moins nécessaires ; d'un autre côté, ceux qui renoncent à l'objet imposé, n'y renoncent que parce
qu'il faisait l'objet de leur consommation la
plus superflue.

Ainsi, 1°. le renchérissement d'un objet
par l'impôt ne supprime, chez tous ceux qui
le consomment, que leurs dépenses les plus
superflues; 2°. cette diminution de consommation superflue atteint tous les vendeurs e
ces objets superflus, et, en diminuant leurs
gains, les force de diminuer aussi leurs dépenses les plus superflues ; 3°. enfin, quand
la charge de l'impôt, en vertu de l'équilibre

des choses, atteint tous les vendeurs, c'est-à-dire tous les propriétaires de rentes, ils retranchent donc aussi une partie proportionnée de leur dépense superflue.

Donc, en résumant, la charge de l'impôt atteint les individus sous deux points de vue différens ; comme industrieux ou propriétaires de rentes d'une part, et comme consommateurs d'une autre : sous le premier point de vue, elle les atteint tous proportionnellement à leurs richesses ; et, considérés comme consommateurs, elle rogne dans toutes les branches les extrémités de la consommation superflue.

(91) Je ne comprends sous la charge de l'impôt que les industrieux et les propriétaires de rente, et non pas les ouvriers naturels : comme ils ne gagnent que ce qui est nécessaire à leur conservation, l'impôt ne peut pas les atteindre, au moins d'une manière permanente. Leur salaire est la limite du décroissement du prix de tout travail, comme on l'a prouvé, art (15) ; et ce n'est point l'impôt, c'est leur concurrence, c'est la population plus ou moins grande, qui resserrent ou dilatent la latitude dont le salaire naturel est susceptible.

Ainsi il faut bien distinguer la répartition d'avec la charge de l'impôt ; la répartition ne peut jamais être proportionnelle dans toutes les classes ; mais la charge le devient toujours, et c'est l'équilibre des choses qui établit le niveau.

(92) C'est ici le lieu de résoudre la question proposée par l'Institut : *Est-il vrai que , dans un pays agricole , toute espèce d'impôt retombe sur le propriétaire foncier ?* On voit que cette assertion avancée par une certaine classe d'économistes , est absolument contraire à la théorie qu'on vient de développer.

Ils la fondent sur ce prétendu principe que la terre produit tout. Si l'on veut dire par-là que c'est sur la terre que l'homme prend tout ce à quoi il applique son travail , c'est une vérité insignifiante et qui n'aboutit à rien ; mais si l'on prétend dire que c'est la terre qui produit tout ce qui a de la valeur parmi les hommes , cela est absolument faux. Tout ce que la terre fournit et auquel le travail de l'homme n'a pas été encore appliqué, 1 aucune valeur (3) : il ne peut donc pas être un objet imposable. C'est le travail qui produit tout ce qui a de la valeur parmi les hommes ; et qui peut par conséquent être soumis à l'impôt. Parmi les peuples civilisés, la terre n'offre plus aucune de ses productions spontanées ; le travail en a couvert toute la surface, comme la neige dans la saison rigoureuse de l'hiver.

La terre est un instrument dont le travail se sert, et dans ce cas elle doit être considérée comme tous les autres instrumens créés par l'industrie humaine. Ainsi le laboureur se sert de la terre pour convertir en blé les principes nutritifs de la végétation qu'elle contient, comme le meunier se sert du moulin pour convertir ce blé en farine, et comme le boulanger se sert de son four pour convertir la farine en pain. Le moulin et le four sont des sources de rente, comme la terre défrichée qui a produit le blé. Ces trois sources ont été formées ou acquises par une accumulation de travail superflu exigible, et sont exploitées par un autre travail superflu exigible : il en est de même de toutes les sources de rente.

Je prends encore pour exemple la voiture que les chevaux tirent, le bateau que le courant de la rivière entraîne, et le vaisseau qui vogue à pleines voiles : ce sont encore des sources de rente qui ne doivent l'effet qu'elles produisent qu'au seul travail de

l'homme , quoique l'effet du transport ne soit
physiquement occasionné que par le cheval ,
le courant de l'eau et l'action du vent ; parce
que si on retranche , par exemple , dans la pensée le travail qui a été successivement appliqué au vaisseau pour en former un bâtiment
de transport , si on retranche toutes les connaissances relatives à la navigation et à la
construction des vaisseaux, que le travail des
différens âges a accumulées , il ne restera , au
lieu de vaisseau , que des arbres plantés dans
les forêts , et le vent soufflera vaguement
sur la surface de la mer , sans produire aucun effet ; et c'est le résultat de tout ce travail accumulé avec le travail des matelots,
qui fait voguer le vaisseau. Il en est de même
du travail du cheval et des autres agens phy-
siques, qui semblent agir à la place de l'homme.
L'ouvrier qui transporte sur son dos un fardeau , fait un travail naturel ; et celui qui a
imaginé de le faire porter par un cheval , a
fait un travail industriel, dont la valeur primitivement était d'autant supérieure à la valeur du travail du porte-faix , que l'effet du
transport sur un cheval l'emportait sur l'effet
du transport par un porte-faix. Ainsi c'est le
travail qui produit tout , et ce qu'opèrent physi-

quement les agens préparés par le travail humain, est encore le produit du travail industriel de l'homme. C'est ainsi que la terre cultivée fournit toutes ses productions ; quoiqu'elle semble les créer et les tirer de son sein,
ce n'est que par l'industrie humaine qu'elle
produit cet effet.

Au reste, de quelque manière qu'on veuille
considérer primitivement les productions de
la terre ; dans l'ordre des choses actuel, la
terre est une source de rente qui ne s'acquiert
que par des capitaux ou du travail superflu
exigible, comme les autres sources de rentes ;
ainsi toutes ses productions sont le résultat
d'une accumulation de travail, comme les
productions ou les effets de toutes les autres
sources de rente : elle est soumise comme elles
aux mêmes loix de l'équilibre ; il n'y a donc
aucune raison de dire que l'impôt retombe
tout entier sur son produit. Rien ne détruit
donc cette conséquence ; savoir, que la
charge de l'impôt se répand sur toutes les
sources de rentes, proportionnellement à leur
capacité, quelle que soit la manière dont il ait
été réparti.

(93) Il suit de-là que le meilleur impôt est
celui qui est le moins sujet à la fraude, qui

se perçoit de la manière la plus simple , là
moins dispendieuse , et qui entraîne avec lui
la plus petite latitude d'injustice.

La fraude est le défaut de l'impôt sur la
consommation , c'est ce qui rend sa perception dispendieuse : l'injustice est le défaut de
l'impôt assis sur la rente. Il n'en est pas de
la disproportion de la répartition entre les
individus. , comme de la disproportion de la
répartition entre les différentes branches :
l'équilibre des choses corrige cette dernière
inégalité, comme on l'a vu ; mais il n'en est
pas ainsi de la première. L'individu trop imposé en supporte à lui seul tout l'excès , et il
souffre non-seulement à raison de ce surplus ,
mais encore à raison de l'injustice qui , par
sa nature, aigrit l'homme et l'irrite contre
l'autorité. Le gouvernement a le plus grand
intérêt d'empêcher cette multiplicité d'injustices partielles ; il doit savoir que l'attache-
ment de chaque individu au gouvernement
forme le chevelu de ses racines , et que c'est
par-là qu'il acquiert une force inébranlabl
capable de résister à tous les efforts des fac-
tions , de l'ambition et de l'intrigue,

(94) Puisque la charge de l'impôt va toujours atteindre le riche à raison de son opu-

lence, puisque ce n'est jamais que les dépenses superflues qu'elle retranche dans toutes
les branches, il s'ensuit que tous les moyens
que l'on cherche pour imposer directement
le luxe, sont au moins inutiles. Mais en outre,
il faut observer que plus les objets tiennent
à la frivolité, moins ils sont imposables directement. Comme ces objets n'ont aucune adhé-
rence à nos besoins, l'impôt, pour peu qu'il
soit considérable, suffit pour en supprimer
la consommation, et pour diriger la fantaisie
du luxe sur d'autres objets d'où elle s'échapperait encore si l'impôt venait l'y atteindre.
Ainsi l'impôt, voltigeant d'objets en objets,
poursuivrait un produit qui fuirait devant lui.
Il faudrait donc qu'il fût assis sur toutes les
extrémités des branches du luxe; mais le génie
qui fait naître tous les jours de nouveaux
moyens de flatter les goûts de l'opulence,
plus fécond que le génie du fisc, créerait
bientôt mille objets qui ne seraient pas sur le
tarif de l'impôt, et tout son produit se perdrait en faux frais d'une perception très-dis-
pendieuse.

D'ailleurs, l'effet qu'on prétend obtenir par
de tels impôts, est de soulager le pauvre industrieux; mais on obtiendrait un effet tout
contraire.

contraire. Dans le partage de l'impôt entre
le vendeur et l'acheteur, à raison de leurs
besoins réciproques, comme le besoin pour
les objets frivoles est toujours faible, et qu'il
se restreint par la plus petite cause, il s'ensuit que le vendeur en supporte la plus forte
partie, et il supporte encore l'autre par la
diminution de la consommation : de sorte que,
si la charge de l'impôt n'avait pas la propriété
de se niveler en se répandant par-tout, ce
serait sur l'industrieux-vendeur, et non sur le
riche consommateur, que peserait toute sa
charge.

(95) On a vu ci-dessus (27 et 88), qu'un
impôt partiel, qui n'affectait pas des objets
de première nécessité, paralysait la branche
sur laquelle on l'établissait, au profit de sa
branche-sœur. En général, tout impôt qui
diminue la consommation d'un objet, diminue
aussi le travail qui va à cette consommation,
et le fait refluer sur des objets non imposés.
Donc, pour qu'un impôt ne paralyse aucune
branche, pour qu'il ait un pro... réel et
invariable, il faut qu'il soit assis sur des objets
d'une nécessité générale. Ceux qui pourraient
se récrier contre cette conséquence, doivent
faire attention que l'imposition foncière n'a

M

de produit réel et invariable , que parce qu'elle est assise sur les rentes qui produisent la nourriture , le logement et le vêtement qui sont indispensables à tous les hommes ; et de plus toutes les matières premières que l'industrie façonne ensuite pour le luxe , quelque direction qu'il prenne. Ces espèces d'impôts, en se répandant sur tous les genres de travaux avec les matières auxquelles on les a appliqués , atteignent la consommation du luxe par-tout où il se porte , et alors l'impôt a toujours son produit.

(96) J'ai dit que la charge de l'impôt se répartissait sur toutes les branches , en diminuant proportionnellement tous les gains ; mais cet effet n'est encore que momentané , et on peut dire , à la rigueur , que la charge de l'impôt finit par être tout-à-fait nulle , et n'est supportée par aucun individu. En effet , l'impôt , il est vrai , raccourcit d'abord toutes les branches de la consommation superflue , et par contre-coup raccourcit également toutes les branches du travail , en faisant sortir , en quelque sorte , hors des rangs , dans chaque classe d'ouvriers , ceux qui y gagnent moins , et par conséquent sont moins propres à leur ouvrage : mais en même temps il nourrit la

branche immense de travail pour l'effort politique. Tous ceux que la trop grande concurrence chasse hors des rangs des différentes
classes d'ouvriers, sont donc portés à affluer
sur cette branche immense, pour y appliquer leur industrie et leur travail. Ainsi,
quand tout est en équilibre, le résultat de
l'impôt est d'avoir pris, dans toutes les branches de travail, les ouvriers qui y sont moins
propres et qui en formaient les extrémités,
pour en faire les différens ouvriers nécessaires à l'effort politique : c'est d'avoir re-
tranché la partie la plus frivole du luxe, pour
y substituer une consommation de travaux
nécessaires à cet effort. La masse du travail
dans la nation est la même après l'impôt
qu'auparavant ; mais une partie a changé de
destination : il y a moins d'objets de luxe,
moins de frivolités, moins de colifichets,
moins d'objets superflus dans toutes les classes;
et il y a à la place, des soldats, des manufactures d'armes, des fonderies de canons, etc.
Il y a le même rapport d'avantages, le même
équilibre entre toutes les branches de travail,
qu'avant l'impôt. Chacun, avec une même
quantté de travail qu'auparavant, obtient,
il est vrai, une moindre quantité de jouis-

sances ; mais cette diminution n'est point sentie , parce que tous les hommes distendent ou resserrent leurs besoins à proportion de la facilité ou de la peine qu'ils ont à les satisfaire.

(97) Ainsi, voici la marche que suit la charge de l'impôt : 1°. elle s'écoule d'abord de celui qui le paie le premier sur tous les autres acheteurs-vendeurs et consommateurs de la même branche ; 2°. de-là elle se répand de proche en proche sur toutes les autres branches , par la nouvelle concurrence qu'apportent ceux qui quittent les branches imposées, pour s'attacher à celles qui ne le sont pas ; 3°. enfin, cet excès de concurrence va se perdre dans la branche immense de l'effort politique alimentée par l'impôt , et dont la consommation dédommage les autres branches de la diminution de la consommation superflue qui en résulte. Alors la charge de l'impôt est entièrement de niveau , alors elle n'est plus sentie.

(98) Mais ce niveau ne s'établit pas sur-le-champ ; il faut du temps pour obtenir cet effet. D'abord ce n'est pas tout de suite que l'impôt , mis pour la première fois sur une branche quelconque , se partage entre les vendeurs et les consommateurs ,

d'après les rapports déterminés ci-devant (85 et 86) : ce n'est que par leurs luttes répétées , ce n'est que lorsque l'impôt a circulé à plusieurs reprises du premier vendeur au consommateur , et du consommateur au premier vendeur , qu'il se mêle avec le prix de la marchandise ; il lui faut encore plus de temps pour que sa charge se répartisse sur toutes les autres branches : cette difficulté de l'impôt à se mettre en équilibre , est ce que j'appellerai son *frottement*.

C'est pendant la durée de ce frottement que l'impôt est désastreux : alors les industrieux-vendeurs qui forment les extrémités de la branche imposée , sont obligés de renoncer à un travail qui ne leur donne plus qu'un gain au-dessous du niveau. Tous ne la quittent pas pour cela : ceux qui sont jeunes et qui peuvent embrasser un autre genre de travail , le quittent ; mais ceux qui sont avancés en âge ne peuvent plus embrasser un autre genre d'industrie ; il faut donc qu'ils souffrent et qu'ils restreignent leurs plus pressans besoins.

J'ai dit que l'impôt ne pouvait atteindre le salaire naturel ; mais c'est lorsque l'équilibre est établi : pendant qu'il s'établit , l'ouvrier naturel n'est pas à l'abri de ses atteintes ; tous ceux qui , avant l'impôt , ne gagnaient que le salaire nécessaire dans la branche imposée, et qui ne peuvent plus s'attacher à une autre branche, se voient retrancher une partie de la nourriture nécessaire à leur existence, et périssent de besoin et de misère. Mais ce désordre ne dure pas ; tous ceux qui se trouvaient de trop dans la branche imposée , ne sont pas remplacés à proportion qu'ils meurent ; et quand l'impôt a pris son équilibre , il n'atteint le salaire naturel d'aucun individu.

Ce ne sont pas seulement les extrémités de la branche imposée qui souffrent par le frottement de l'impôt ; les extrémités de toutes les autres branches se ressentent de son effet , à proportion qu'elles voient affluer les industrieux chassés par l'impôt de la branche imposée ; et ce fardeau qui va toujours en s'allégeant à proportion qu'il se répand , ne cesse de peser que lorsqu'il est parfaitement en équilibre : mais, pendant tout ce temps , son poids n'a pesé que sur les malheureux.

(99) Pour appliquer ce que je viens de dire à un exemple, je suppose qu'on établisse sur la vigne un nouvel impôt qui s'élève aux

deux tiers de son produit net : sans examiner
dans quel rapport le propriétaire de la vigne
et les consommateurs de vin se partageront
cet impôt, je considère que le propriétaire
en supportera d'abord directement la partie
qu'il paiera, et qu'il supportera la charge de
la partie payée par le consommateur à raison
de la diminution de la consommation qui en résultera. La rente de la vigne se trouvera donc
plus désavantageuse que les autres ; alors une
partie des capitaux et du travail qui lui étaient
appliqués pour sa conservation, iront affluer
ailleurs ; la culture de la vigne se détériorera
donc ; on commencera par en arracher une
partie, à commencer par les plus mauvaises.
En même temps que les industrieux qui quittent la culture de la vigne, vont, par leur
concurrence et celle de leurs capitaux, diminuer l'avantage des autres rentes, d'un autre
côté, à mesure qu'on arrache des vignes,
et que celles qui restent se détériorent, le
vin renchérit, la rente de la vigne reprend
de l'avantage : ainsi, par ces deux causes,
cette rente tend donc à se niveler avec les
rentes des autres branches ; et ces deux causes
continuant à agir, il doit arriver un terme
où le niveau sera parfait entre toutes les

rentes. Mais les choses n'en resteront pas là : jusqu'à cette époque on a trouvé de l'avantage à abandonner la culture de la vigne, pour s'attacher à d'autres branches ; on doit donc continuer de faire de même. L'impulsion est donnée, et les vignes ne cessent pas de s'arracher, jusqu'à ce qu'enfin on s'aperçoive que le vin, devenu trop rare, renchérit assez pour rendre la rente de la vigne plus avantageuse que celles des autres branches. A cette époque on a trop arraché de vignes, et trop négligé les autres ; les fonds et les industrieux reviennent donc s'appliquer à la culture de la vigne ; on en replante de nouvelles, et cet effet continue, non pas jusqu'au terme où le niveau est revenu entre la rente de la vigne et celles des autres branches. A cette époque l'impulsion est encore donnée ; on trouve alors de l'avantage à planter de la vigne ; on en plante donc encore trop ; et ainsi de même, par une suite de fluctuations qui vont en décroissant, jusqu'à ce qu'enfin il y ait un équilibre fixe entre l'avantage de la rente de la vigne et celui des autres rentes.

Ces fluctuations ont lieu toutes les fois qu'il se produit du changement, ou que l'équilibre est rompu dans une partie quel-

conque de l'ordre économique. Que la disette se fasse sentir dans une contrée, tout-
à-coup la cherté de la denrée en amène une
grande quantité qui y afflue de tous côtés,
et jamais cette affluence ne s'arrête au point
nécessaire : on en amène trop, et il arrive
toujours que les derniers perdent au lieu de
gagner. Ceux qui ont bien observé les fluctuations du commerce, ont dû remarquer
que toute espèce de commerce que des circonstances particulières rendent tout-à-coup
plus avantageuse que les autres, finit toujours par l'être moins : tel est l'ordre invariable deschoses.

Ces fluctuations, quand elles sont considérables, sont un état de crise et de maladie
pour une nation. Tout état éprouve des fluctuations paisibles et modérées, produites par
la vicissitude ordinaire des choses. Ainsi les
événemens naturels, qui amènent alternativement la rareté et l'abondance des denrées,
les changemens des mode, d'habitudes, de
goûts et mille autres accidens, font sans
cesse fluctuer les capitaux et le travail d'une
branche à l'autre; mais ces fluctuations, semblables aux légers sillons que le zéphyr fait
naître sur la surface de la mer, produisent un

mouvement continuel qui donne du ton à
l'activité d'une nation. Ce sont les fluctuations violentes qui la fatiguent : lorsqu'elles
sont produites par les événemens naturels,
l'homme s'y soumet avec résignation ; mais
il s'irrite contre les injustices et contre ces
fluctuations causées par les passions ou l'im-
péritie de ceux qui gouvernent : telles ont été
ces secousses violentes et ces fluctuations af-
freuses que nous a fait éprouver le gouvernement révolutionnaire.

(100) Ainsi, comme l'on voit, l'établissement de tout nouvel impôt est sujet à deux
inconvéniens ; savoir, le frottement et les
fluctuations qui sont une suite du défaut d'é-
quilibre que l'établissement de l'impôt a rompu ; et qui ne durent que jusqu'à ce que l'é-
quilibre soit rétabli.

(101) Tout changement dans le mode d'imposition, rompant également l'équilibre dans
l'ordre des choses, est sujet aux mêmes inconvéniens. En effet, supposons qu'au gré de
certains économistes, on change le système des
impositions établi, et qu'on assigne l'impôt
total sur le revenu des terres; et pour n'entrer
dans aucune évaluation, supposons tout sim-
plement que cet impôt foncier soit quadruple

de celui qui se paie maintenant, c'est-à-dire qu'au lieu d'absorber le cinquième du revenu, il en absorbe les quatre cinquièmes : ce nouvel impôt, par la force de son frottement, commencera par peser presque tout entier sur la rente des terres, et réduira d'abord les propriétaires fonciers au quart du revenu qu'ils avaient auparavant. Le grand désavantage de cette branche fera écouler les capitaux et les industrieux sur les autres branches ; toutes les terres qui composaient la limite des terres cultivées, resteront incultes; les autres ne recevront plus tout ce travail nécessaire à leur entretien ; l'agriculture se détériorera, son produit diminuera ; et comme ordinairement la population est en équilibre avec ce produit, les limites de la population souffriront de la faim : de-là tous les désordres qui en résultent. Quand le mal sera parvenu à ce terme, le besoin fera renchérir la denrée, et par la loi des fluctuations, rappellera vers l'agriculture les capitaux qui avaient trop afflué vers les autres sources de rentes. Après une suite de fluctuations successivement décroissantes, semblables à celle de la culture de la vigne dont on vient de parler, voici ce qui arrivera : l'équilibre étant fixement rétabli,

l'égalité d'avantage sera telle entre les différentes branches des sources de rente, que
les capitaux qui sont appliqués à chacune,
n'ont pas plus de tendance à s'écouler ailleurs
qu'à y rester. Mais il a fallu pour cela que la
rente foncière ait augmenté, et que par conséquent les consommateurs aient payé plus
cher le produit de la culture : cette plus
grande cherté se sera communiquée en conséquence à tous les prix des objets du travail;
mais ces prix ont dû diminuer d'un autre
côté, par la suppression de tous les autres
impôts qui affectaient les autres branches, et
qui ont été mis sur la culture. Ainsi l'un com-
pensera l'autre.

Au commencement où l'on a établi l'impôt
total sur les terres, il s'est monté aux $\frac{2}{5}$ du
revenu foncier ; mais, à présent que cette
rente est augmentée, il ne faut plus les $\frac{2}{5}$
pour former la même somme : je suppose
qu'il n'en faille plus que les $\frac{2}{3}$, alors il restera
au propriétaire foncier les $\frac{1}{3}$ du produit net
de sa rente ; et cette fraction de sa rente le
rendra aussi riche, ou lui procurera une
même somme de travail exigible qu'auparavant, lorsqu'il ne payait qu'un cinquième,
parce qu'alors sa rente était moins forte.

Ainsi donc, quoi que l'on fasse, quelque changement que l'on veuille établir dans l'ordre
des choses, la force de l'équilibre ramenera
toujours entre les différentes sources de rente,
le même rapport qu'elles avaient auparavant.

(102) Pour se convaincre davantage de la
force de cette tendance à l'équilibre, je suppose que le gouvernement soit assez puissant
pour empêcher que l'impôt, assis sur le
propriétaire foncier, ne reflue sur les autres
rentes, soit par des taxes ou autres moyens
aussi absurdes ; et j'imagine que cette disposition rende constamment l'impôt foncier triple de ce qu'il était auparavant. Toutes les loix
possibles du gouvernement ne pourront pas
empêcher les capitaux d'affluer vers les autres
sources de rente; et la différence qu'il y aura
entre ce cas-ci et le cas précédent, c'est que
les moyens employés pour empêcher le produit de l'agriculture de renchérir, empêcheront les capitaux de retourner vers cette
branche: ils se fixeront donc sur les autres,
et leur donneront de l'accroissement, c'est à
dire, par exemple, que les branches du
commerce et de l'industrie s'étendront aux
dépens de l'agriculture qui ira toujours en
décroissant. La nation pourra avoir de riches

manufactures , pourra faire un grand commerce avec l'étranger , si elle est active , et
son agriculture sera dans un état de détérioration contre l'ordre des choses ; car, outre
qu'il résulte de-là , ou un décroissement dans
la population , ou le désavantage pour la nation d'être à la discrétion des étrangers pour
sa subsistance , ce moyen artificiel , en donnant un cours forcé aux capitaux , qui sans
cela se seraient appliqués à l'agriculture , empêche que les individus ne les emploient de
la manière la plus avantageuse pour la nation. Quand les industrieux sont libres d'appliquer leurs fonds comme ils veulent , ils
le sont toujours de la manière la plus avantageuse pour eux , et par contre-coup pour
la richesse générale de la nation.

Ce moyen artificiel , en nuisant au bien
général , ne parviendrait jamais au but qu'il
se propose , et ne fixerait jamais l'impôt sur
la rente des terres. En effet , si l'impôt accumulé et fixé sur la terre , en réduisait la
rente au tiers , par la même raison la terre
elle-même ou la source de rente ne vaudrait
plus que le tiers de ce qu'elle valait auparavant , toutes choses égales d'ailleurs : elle
deviendrait donc , par cela même , une

source de rente aussi avantageuse que les autres , relativement aux capitaux qu'il en coûterait pour l'acquérir ; par conséquent l'impôt ne peserait pas plus sur cette espèce de rente que sur les autres ; sa charge serait donc nécessairement répartie sur toutes proportionnellement. Il en résulterait d'abord une grande injustice pour les propriétaires, au moment où l'impôt s'établirait, parce que ce serait entre leurs mains que leurs biens perdraient les deux tiers de leur valeur ; mais tous les acquéreurs subséquens ne l'éprouveraient pas, et, après deux générations, cette grande injustice ne serait plus sentie.

(103) La plupart des économistes prétendent que l'impôt sur la rente est préférable à celui de la consommation, parce que ce dernier augmente le prix du travail, au lieu que le premier lui conserve son ancienne valeur. D'abord, d'après tout ce qui a été dit jusqu'à présent, on sent que cela ne doit pas être, et que ces deux espèces d'impôts doivent finir par avoir le même résultat. Pour s'en convaincre, je considère que l'on établit l'impôt pour la première fois, et qu'on l'applique sur la rente foncière ; cet impôt enlève une partie de l'argent du propriétaire,

au moment où la circulation le ramène dans
ses mains, et sert à alimenter le système du
travail de l'effort politique. Cette nouvelle ramification de travail, ajoutée à tout le système du travail superflu, doit raréfier l'argent
dans tous ses anciens canaux, et baisser son
niveau : mais à proportion que l'effort politique projette ses branches de travail, le système de tout le travail superflu rétrécit les
siennes dans la même proportion, de sorte
que, toutes choses égales d'ailleurs, la somme
du travail après l'impôt est la même qu'auparavant ; le niveau de l'argent doit donc
être le même, et par conséquent tous les prix
doivent être tels qu'ils étaient avant l'impôt.

Supposons maintenant qu'on établisse de
même l'impôt pour la première fois, et qu'il
soit assis sur la consommation ; tout consommateur obligé de donner plus d'argent qu'auparavant pour une même quantité de denrée,
il en résulte tout à la fois, d'abord une élévation dans le niveau de l'argent, et une diminution dans le système de la ramification de la
consommation, et par contre-coup la même
diminution dans la ramification du travail
superflu. Si les choses en restaient là, sans
doute l'impôt aurait augmenté le prix des
denrées,

denrées ; mais en même temps l'effort politique, étendant ses ramifications dans le même
rapport que la consomm ⋅ion superflue , diminue les siennes , absorbe dans ses canaux
ce surplus d'argent , et par-là rétablit le niveau à la même hauteur qu'il était auparavant, c'est-à-dire que , quand l'équilibre est
établi , le prix du travail, considéré généralement , est le même qu'auparavant.

(104) Ce n'est pas à dire pour cela que le
prix de chaque chose, y compris l'impôt,
serait le même qu'il était auparavant sans impôt , mais c'est-à-dire que, tout compensé
dans les différens prix de chaque chose , la
masse du travail ne correspondra pas à une
plus grande somme d'argent ; et chaque source
de rente , ainsi que chaque ouvrier , auront
les mêmes avantages respectifs qu'auparavant.

Pour en donner un exemple , je considère
que , dans un ordre de choses quelconque établi , le salaire d'un ouvrier naturel se paie
un franc par jour, et qu'il en partage la dépense
de cette manière ; savoir , cinquante centim⋅ s
de pain pour lui et sa famille , et cinquante
centimes pour le reste des besoins nécessaires.
Je suppose ensuite que l'application des
impôts change, de manière que son pain lui

N

coûte soixante-quinze centimes au lieu de cinquante, alors l'ordre des choses sera tel, que
ses autres besoins, au lieu de lui coûter cinquante centimes comme dans le premier
cas, ne lui coûteront plus que vingt-cinq
centimes. Je suppose maintenant que les objets qu'il achète avec le franc qui constitue son
salaire, soient chargés de trente centimes d'impositions, ces trente centimes pourront être
distribués d'une infinité de manières. D'a-
bord, si elles sont réparties également sur
tout ce qui fait l'objet de sa dépense, il y aura
quinze centimes d'appliqués à son pain, et
les quinze autres à ses autres dépenses nécessaires. Mais supposons que, par une nouvelle disposition d'impôts, le pain que mange
cet ouvrier naturel, soit chargé de vingt-
cinq centimes, si la somme des impôts n'a
pas été augmentée par ce changement, le
reste de ses dépenses nécessaires ne sera
plus chargé que de cinq centimes. Si les
impôts ont été augmentés de manière que sa
dépense nécessaire monte à un franc vingt
centimes, alors son salaire montera à ce
prix ; et si on supposait que sa dépense fût
déchargée de tout impôt, alors il ne gagne-
rait plus que soixante-dix centimes. Voilà

comme il faut concevoir que les choses s'é-
quilibrent entr'elles.

(105) En général, quelques dispositions
que l'on donne à l'impôt, il ne détruit l'équilibre entre les sources de rente, que pendant
la durée de son frottement, après quoi l'égalité ou l'équilibre entre les avantages de
toutes les sources de rente est rétabli : tout
industrieux et tout ouvrier sont une source de
rente; leur avantage est donc le même après
l'équilibre de l'impôt qu'auparavant ; donc,
encore une fois, l'impôt n'est désastreux que
pendant son frottement.

(106) Le mal qui en résulte n'appartient pas
à l'impôt, mais seulement au dérangement
de l'équilibre. Pour s'en convaincre, je suppose que les souverains, dociles aux avis de
l'abbé de St. - Pierre, conviennent entr'eux
de ne plus se faire la guerre, et qu'on supprime tout - à - coup l'impôt ; voici ce qui arrivera. 1º. La branche immense du travail
pour l'effort politique, se trouvant paralysée,
laissera d'abord sans travail une foule d'ouvriers, et sans débouchés une grande quantité de sources de rente ; les ouvriers les plus
âgés deviendront des machines inutiles ; les
uns restreindront leurs besoins, d'autres lan-

guiront et périront de misère : ceux qui pourront appliquer leur industrie à d'autres branches souffriront , jusqu'à ce qu'ils aient appris leur nouveau travail. 2°. Le soulagement
de l'impôt qu'éprouveront tous les propriétaires de rente, sera tout-à-coup compensé
par la suppression du travail de l'effort politique ; car cette ramification immense, qui
n'a pour but que de consommer , rend , par
sa consommation , au système général du travail tout l'argent que celui-ci lui donne par
l'impôt. 3°. Tous les industrieux et tous les
ouvriers employés à l'effort politique , viendront affluer dans toutes les branches du
travail superflu ; il y aura donc une grande
concurrence et un grand regorgement de
travail , tandis qu'il y aura une grande diminution de consommation , ce qui causera
une suite de fluctuations, et fera une foule
de malheureux. 4°. Enfin , quand tout sera
remis en équilibre, l'égalité d'avantages sera
remise entre toutes les sources de rentes ; chacun se retrouvera à sa place ; le système général de la ramification du travail superflu se
sera agrandi de toute l'étendue du travail
qu'absorbait l'effort politique , et le système de
toute la ramification de la consommation su-

perflue se sera étendu dans la même proportion ; c'est-à-dire que chaque individu aura
donné de l'extension à ses jouissances superflues ; mais leur besoin sera distendu dans le
même rapport : il y aura donc même rapport
entre les besoins et les jouissances, et la
somme du bonheur des individus sera la
même qu'auparavant.

(107) On voit donc que ce n'est pas l'impôt
par lui-même qui fait le mal, mais seulement
le dérangement d'équilibre qu'il cause. Donc
on peut avancer cette grande vérité, que *tout
vieil impôt est bon, et tout nouvel impôt est
mauvais.*

En effet, la vétusté d'un impôt ne se borne
pas à maintenir les choses dans leur état d'é-
quilibre ; mais un impôt, comme on l'a vu,
est susceptible de deux défauts ; savoir, pour
l'impôt de la rente, de causer un grand
nombre d'injustices partielles, et pour l'impôt de la consommation, d'être sujet à la
fraude et d'exiger de grands frais de perception. Or, le temps diminue ces deux défauts :
à proportion qu'un impôt sur la rente vieillit, les injustices partielles s'éclaircissent, les
disproportions se rectifient, la perception de
jour en jour se perfectionne. Il en est de

même de l'impôt sur la consommation ; le temps apprend à se prémunir contre tous les moyens de fraude, simplifie la perception, et la rend de jour en jour moins dispendieuse.

On voit, d'après tout ce que je viens de dire, combien il est impolitique de changer le système des impositions, sous prétexte de soulager le pauvre : c'est au pauvre précisément que tout changement fait le plus de mal. Un gouvernement qui n'a pas une manière fixe et invariable d'impositions, ressemble à un propriétaire qui, après avoir fait une plantation, s'en dégoûte, la change pour une autre, et celle-ci pour une autre encore ; pendant ce temps la terre ne produit rien, et le propriétaire se ruine.

*(108) Je terminerai ce Chapitre par quelques observations sur deux impôts récens établis en France ; savoir, l'impôt des barrières et celui sur les portes et fenêtres. Ces deux impôts, enfans nés de la révolution, sont radicalement mauvais, non-seulement à cause de leur nouveauté, mais ils ont encore, au plus haut degré, les défauts dont les impôts sont susceptibles. D'abord l'impôt des barrières exige une armée d'employés répandus sur toute la surface de la France, pour ne rece-

voir que des sommes modiques, et qu'ils ont
tout à la fois la plus grande facilité et la plus
grande tentation de détourner à leur profit.
En vain le gouvernement a-t-il pris le parti
d'affermer cet impôt ; le prix de la ferme n'est
toujours que le reste des frais de perception
et du gain du fermier, et ce gain est proportionné à la grande facilité de dérober et de
cacher le vrai produit, soit que le fermier
perçoive l'impôt directement par lui-même,
soit qu'il en confie la perception à des employés. Il est impossible de connaître au juste
le surplus de ce que le public paie sur ce que
le gouvernement retire ; mais on peut hardi-
ment affirmer qu'il n'en reçoit pas la moitié.
C'est donc un impôt absurde.

Quant à l'impôt sur les portes et fenêtres,
si l'on a cru par-là atteindre le riche, on s'est
bien trompé ; car il n'est pas d'impôt qui
renferme plus d'injustices individuelles, précisément en faveur du riche et au détriment du
pauvre. Celui, par exemple, qui occupe un bel
appartement dont les fenêtres donnent sur le
jardin du tribunat, ne paie pas plus par chaque
fenêtre que le malheureux relégué dans la rue
Clopin ; cependant le prix des loyers, dans
ces espèces de rues, est au plus le dixième

de celui des maisons situées dans les plus
beaux quartiers de Paris. Si donc l'impôt
sur les fenêtres dans ces derniers quartiers
est le centième du loyer, il en est le dixième
dans les quartiers habités par les malheureux.
Si, au lieu d'asseoir cet impôt de cette manière, on se fût borné à ajouter un supplé-
ment à l'impôt foncier des maisons, proportionné comme ce dernier à leur loyer réel ou
présumé, il n'aurait entraîné avec lui que
les injustices partielles qui appartiennent à
l'impôt foncier. Ainsi, comme l'impôt foncier
est à peu près le $\frac{1}{3}$ du revenu, la latitude qui
comprend toutes les injustices partielles, peut
s'étendre entre $\frac{1}{4}$ et $\frac{5}{7}$; ou le trop imposé
par rapport à celui qui ne l'est pas assez, peut
être comme 7 est à 3; tandis que, dans l'impôt des portes et fenêtres, il est comme 10
est à 1. En outre, cette latitude où divague
l'impôt foncier, atteint indistinctement tantôt le riche, tantôt le pauvre; et les erreurs
peuvent se rectifier : au lieu que, dans l'impôt
dont il est question, ce n'est jamais que le
pauvre que l'injustice atteint; et comme elle
est inhérente à la loi, elle ne peut se rectifier.

Je ne dirai rien des octrois municipaux,
dont la perception, si l'on en excepte quel-

ques grandes cités ; coûte 25 à 30 pour cent.

(109) Il me reste à faire des vœux pour voir ces deux impôts remplacés par une taxe sur le sel : cet impôt, non pas embarrassé du monopole, ni aussi disproportionné avec le prix de la chose qu'il l'était avant la révolution, mais perçu aux endroits où il se fabrique et au moment où il se répand dans la circulation, est le meilleur de tous les impôts. D'abord, c'est celui qui exigerait le moins de frais de perception, le plus facile à soustraire à la fraude ; ce n'est qu'aux frontières et aux dépôts des marais salans, qu'on aurait besoin de gardes pour l'empêcher ; cette denrée circulerait ensuite dans tous les canaux du commerce, portant avec elle son impôt sans qu'on s'en aperçoive. Cet impôt, adopté par toutes les puissances, n'a pas perdu en France tous les avantages d'un impôt antique, qu'il avait avant la révolution.

Je ne chercherai pas à répondre à l'objection si souvent répétée par les démago te contre cet impôt ; savoir, qu'il atteint le premier besoin du pauvre. Je ne répéterai pas ici ce que j'ai déjà dit pour faire voir que l'impôt ne reste pas où on le met, mais qu'il se répand proportionnellement sur toutes les sources de rente, sans atteindre le salaire de l'ouvrier naturel.

Il est vrai qu'un pareil impôt n'aurait qu'un très-faible produit au commencement de son établissement ; il faudrait attendre que tout le sel qui est maintenant en circulation et qui échapperait à l'impôt, fût consommé ; c'est la raison qui a empêché sans doute de l'établir, lorsqu'il a été proposé par le conseil des cinq cents. Mais il faut observer qu'un impôt s'établit comme on fait une plantation ; ce n'est pas au moment où l'on plante que l'on recueille.

(110) Puisqu'un impôt n'est bon que par sa vétusté, un état doit donc éviter de lever sur-le-champ un nouvel impôt, lorsque le besoin de la guerre l'exige, et de le faire cesser à la paix ; ces impôts momentanés sont toujours mauvais. Cependant les besoins du gouvernement ne sont jamais constans ; ils varient par les alternatives de la paix et de la guerre, et en temps de guerre ils peuvent devenir plus ou moins étendus, plus ou moins pressans à raison des événemens ; ce n'est que par le moyen des emprunts qu'on peut niveler ces variations de besoins, comme on va le voir.

CHAPITRE IX.

DES EMPRUNTS.

(111) IL est de l'intérêt de tout état de répar-
tir toutes les dépenses extraordinaires de la
guerre uniformément sur toutes les années
tant de paix que de guerre, pour avoir un
impôt toujours le même. Or, on ne peut parvenir à ce but que par deux moyens : le premier est de percevoir en temps de paix un
impôt supérieur au besoin présent, et de thé-
sauriser pour les besoins de la guerre; le second est d'ouvrir des emprunts proportionnés
aux besoins extraordinaires que la guerre
exige, et de le rembourser en annuités, de
manière que le remboursement total soit ef-
fectué dans un temps où, selon l'ordre des
choses, on présume qu'une nouvelle guerre
nécessitera de nouveaux besoins : et comme,
d'après l'ordre des choses, il arrive ordinairement à tous les états une nouvelle guerre à
soutenir à peu près tous les vingt ans, ce

remboursement doit s'effectuer dans cette période de temps.

Il s'agit d'examiner lequel de ces deux moyens est le plus économique et le moins à charge à l'état.

Le gouvernement, en thésaurisant pendant la paix, amasse à pure perte une accumulation d'argent, qui servirait ou à l'accroissement, ou à l'amélioration de différentes sources de rentes, s'il était resté entre les mains des individus qui l'ont fourni. Un trésor tend donc à empêcher l'accroissement de la richesse nationale, et par contre-coup à diminuer l'effort politique. Un emprunt n'a pas cet inconvénient : en procurant au gouvernement les fonds qui lui sont nécessaires au moment où il en a besoin, il obvie d'une part à la perte qui résulte toujours de l'enfouissement d'un capital, et d'un autre il empêche les inconvéniens attachés aux impôts intermittens.

Il semble, au premier abord, que la rente de cet emprunt est une charge de plus pour la nation ; mais cette charge n'est qu'apparente. En effet, faisons abstraction ici de tous les inconvéniens attachés à un impôt extraordinaire, et ne considérons que les retards qu'entraîne toujours sa perception. Si le gouver-

nement n'a pas ses fonds au moment du besoin , de quelque manière qu'il s'y prenne
pour y suppléer , ces moyens sont toujours
plus onéreux à la nation que l'intérêt d'un
emprunt : cet intérêt est donc une charge
nécessaire , quelque parti que l'on prenne.

D'ailleurs , il faut considérer que, dans tous
les temps , chaque individu n'a que les fonds
dont il a besoin pour le courant de ses af-
faires et de ses besoins , puisque la circulation ne retient jamais que l'argent qui lui est
absolument nécessaire : lors donc qu'on perçoit un impôt extraordinaire , personne ne
doit avoir prêts les fonds qu'exige l'état ; il
faut , ou qu'il les emprunte, ou qu'il les retire
de la circulation de son commerce , ou qu'il
retranche tout de suite de sa dépense toute
la valeur de l'impôt. Dans les deux premiers
cas , il supporte évidemment au moins l'intérêt de la somme qu'il paie pour l'impôt ; le
retranchement sur sa consommation diminue
d'autant le débit ou le travail d'autres individus , tandis que d'autres faisant de même ,
ou son industrie, ou ses sources de rentes
souffrent également. Ainsi , quand une nation
paie tout de suite un impôt extraordinaire ,
de quelque manière que chaque individu s'y

prenne, il supporte une charge d'impôt au
moins aussi considérable que si l'impôt était
réparti sur un certain nombre d'années, et
qu'il payât pendant ce temps l'intérêt de la
partie de l'impôt qui resterait à payer. Si la
sagesse du gouvernement lui maintient un
grand crédit, et que l'intérêt de l'emprunt
qu'il fait ne soit pas au-dessus de la rente de
l'argent dans la circulation commerciale,
alors la ressource de l'emprunt rend la charge
de l'impôt la plus légère possible. On conçoit que cette charge augmente à proportion
que l'état emprunte à un intérêt plus haut,
et que son crédit est plus faible ; d'où l'on
voit que le plus grand parti qu'un état puisse
tirer de la richesse de la nation pour l'effort
politique, est une administration sage, constante et dirigée par les principes de la justice et de la bonne foi.

(112) J'ai considéré jusqu'ici l'emprunt
d'une manière générale, et abstraction faite
de toutes les causes qui doivent le modifier.
Les gouvernemens n'ont pas toujours le pouvoir, et ils ont encore moins souvent la volonté de suivre une marche aussi mesurée,
aussi prudente et aussi sage.

L'emprunt, tel que je viens de le considé-

rer, est évidemment bon à toute espèce de
nation, quelle que soit sa position ; on peut
l'appeler *emprunt économique*. Mais les états
ne se bornent pas là : ils empruntent tant
qu'ils peuvent ; et sans beaucoup s'inquiéter
de l'avenir , ils épuisent d'avance leurs ressources futures , en accumulant sur les générations à venir l'intérêt des dettes qu'ils con-
tractent.

Je ne m'amuserai pas ici à réfuter tout ce
qu'on a objecté contre ces espèces d'emprunts :
on leur reproche d'enlever à l'industrie les
capitaux qui l'alimenteraient , d'augmenter
l'intérêt de l'argent , de faire naître une classe
nombreuse de rentiers oisifs , de rendre les
guerres plus dispendieuses et plus fréquentes,
de laisser aux races futures le poids d'une
dette toujours croissante , et de les forcer à
faire banqueroute, etc. Toutes ces déclama-
tions oiseuses et étrangères à l'ordre des
choses , sont du même genre que celles que
l'on fait contre la guerre , puisque les emprunts sont des moyens de la faire. Que de
belles choses à dire ! que de discours pa ié
tiques à faire aux chefs de tous les états ,
pour leur prouver qu'ils ne doivent pas se
battre !

Je considère les choses telles qu'elles sont, et non pas telles que nos désirs voudraient qu'elles fussent. Les états, comme je l'ai déjà dit, sont des ressorts tendus les uns contre les autres, et chaque nation réagit toujours contre celles qui l'environnent, avec tout l'effort dont elle est capable. Tout état qui s'agrandit et se distend, tend à sa dissolution : tout état qui cède à la réaction et se rétrécit, tend à son anéantissement ; donc tout état, pour tendre à sa conservation, doit réagir de manière à se maintenir toujours en équilibre : c'est l'équilibre des nations qui fait la sagesse du monde.

Quand un état déploie un nouveau moyen de réagir contre les états qui l'environnent, il les met dans la nécessité de l'employer à leur tour : c'est ainsi que le premier qui a imaginé de faire la guerre avec des canons, a forcé les autres d'en faire autant ; et c'est ainsi que la nation qui, la première, a eu recours aux emprunts, a mis les autres dans la nécessité d'employer le même moyen. L'emprunt est un instrument de guerre dont la force dépend et de la position de la nation qui le lève, et de celle de la nation contre laquelle on l'emploie ; il faut donc avoir égard

à

à ces deux principes de force, pour évaluer son effet.

(113) Les nations peuvent être considérées sous deux points de vue : 1°, comme puissances territoriales ; 2°. comme puissances industrieuses. Une nation qui, par sa position, ses goûts et ses inclinations ; ne peut pas étendre au loin son commerce, dont la masse du travail est à peu près en équilibre avec sa consommation, et dont l'effort politique a pour but de réagir, soit pour étendre son territoire, soit pour empêcher qu'il ne soit envahi, est ce qu'on peut appeler une puissance territoriale. Une nation, au contraire, avantageusement située sur le bord de la mer, dont l'inclination et l'énergie sont dirigées vers l'industrie et le commerce, et que l'effort politique a pour but de protéger et d'agrandir, forme une puissance industrieuse. Une puissance peut être mixte, telle que la France et la plupart des états de l'Europe : leur effort politique a besoin d'être divisé en deux parties; la première pour protéger le commerce, et la seconde pour empêcher l'envahissement du territoire. La situation favorable de l'Angleterre lui a permis d'employer tout son effort politique à la

o

protection et à l'extension de son commerce :
c'est une des causes qui a dû contribuer à
l'agrandissement de cette puissance colossale.
Ces différentes puissances, telles que je viens
de les considérer, peuvent être, ou croissantes, ou décroissantes, ou stationnaires.
Or, maintenant toutes ces différences peuvent avoir lieu dans chacune des nations qui
se font la guerre ; et il en résulte autant de
modifications différentes dans la tactique des
emprunts.

(114) Je considère donc d'abord deux nations industrieuses, d'égale force, se faisant
la guerre, ou en général réagissant réciproquement l'une contre l'autre. Or, maintenant qu'elles se battent à coups d'emprunts,
ou qu'elles se bornent à l'ancienne manière
de se faire la guerre, elles devront se tenir à
peu près en équilibre : mais si l'une des deux
a recours aux emprunts, il faudra bien que
l'autre fasse de même. Si la première vient à
bout de réunir, par la voie des emprunts,
les efforts de dix années en une seule, il
faudra que l'autre en réunisse autant : par ce
moyen elles s'épuiseront toutes les deux également, elles se ruineront ou au moins dimi-
nueront leur crédit au même degré ; et après

qu'elles auront épuisé tous leurs efforts et qu'elles n'en pourront plus, elles se trouveront encore en équilibre, et par conséquent, aussi fortes comparativement qu'elles l'étaient auparavant. (Je fais ici abstraction des chances qui, dans toutes les guerres, font pencher la balance entre des forces égales, ou suppléent aux forces les plus faibles.)

Ce que je dis de deux nations industrieuses réagissant l'une contre l'autre, s'applique à plusieurs nations qui se tiennent réciproquement en équilibre.

On voit d'abord que les nations industrieuses qui se tiennent en équilibre, n'ont aucun intérêt à se battre à coups d'emprunts, ce nouveau genre de guerre ne changeant rien au rapport de leurs forces respectives. Il est vrai qu'il les épuise ; mais comme son effet est le même dans les états qui l'emploient, il ne change rien à leur équilibre. Les forces des états n'ont rien d'absolu ; comme elles ne leur servent que pour réagir, elles ne peuvent être que relatives à celles qui leur sont opposées. Tant que des nations s'affaiblissent également, on peut dire qu'elles conservent toujours les mêmes forces. Une nation ne s'affaiblit réellement que lorsque sa force décroît

plus que celle des états contre lesquels elle réagit.

(115) Supposons, en second lieu, que deux
puissances territoriales réagissent à forces
égales l'une contre l'autre ; d'abord il arrivera
difficilement qu'elles aient recours aux emprunts. Comme, chez ces nations, les capitaux
ne surabondent pas , qu'ils sont nécessaires
aux sources de rente , et que la rareté de l'argent rend les prêteurs peu nombreux et son
intérêt à un taux élevé, aucun des deux états
n'a la facilité d'emprunter ; voilà pourquoi ils
y ont rarement recours , ou au moins leurs
emprunts n'ont pas beaucoup d'extension.
On voit que la voie des emprunts est un genre
de combat qui ne convient qu'aux nations
industrieuses ; avec du fer et des soldats , une
puissance territoriale peut réagir contre celles
qui voudraient l'envahir : ainsi c'est avec du
fer que se battent les puissances territoriales ,
et c'est avec de l'or que se battent les puissances industrieuses.

(116) Je considère, en troisième lieu , deux
nations industrieuses, inégales en forces, réagissant l'une contre l'autre ; la plus faible pour-
ra-t-elle suppléer à son infériorité par des
emprunts plus considérables ? c'est ce qu'il

s'agit de voir. Quand une nation industrieuse profite du regorgement d'argent pour faire des emprunts , l'empressement des prêteurs diminue à proportion que les capitaux s'absorbent par l'emprunt : toujours attentifs à calculer les chances que court leur argent , ils prêtent à des conditions plus avantageuses pour eux, à mesure qu'ils voient le crédit diminuer par l'accumulation des emprunts. Or, quand une nation , plus faible que sa rivale , emprunte plus qu'elle pour mettre ses forces au niveau des siennes, son crédit se trouve plus épuisé ; elle est toujours plus prête du terme où elle ne peut plus emprunter : donc elle conserve toujours son état de faiblesse par rapport à l'autre ; donc, dans ce second cas , la voie des emprunts ne sert à rien pour augmenter la force d'une nation qui réagit avec désavantage.

Ces deux nations ressemblent à deux armées qui tirent l'une sur l'autre , et qui sont inégalement fournies de munitions : l'avantage peut être égal de part et d'autre au commencement du combat ; mais s'il continue assez long-temps , il faut que celle qui est la moins fournie cède. Quand deux armées sont en présence , elles ignorent presque toujours le rapport de leurs munitions ; au lieu que deux nations industrieuses qui réagissent, connaissent mieux l'inégalité de leurs forces, et celle qui a plus de facilité pour emprunter, peut continuer la guerre jusqu'à ce qu'elle ait épuisé les forces de l'autre.

Ainsi la plus grande facilité d'emprunter, est une force réelle qui a toujours son effet. Cette facilité de lever des emprunts croît chez une nation industrieuse à raison de son crédit, son crédit croît à raison de sa richesse, et sa richesse croît à raison de son énergie (je suppose ici, pour être plus simple, que les états sont également bien gouvernés). Ainsi la force d'une nation doit toujours être estimée en dernière analyse par le nombre des individus qui la composent, multipliée par l'énergie moyenne qui serait répartie sur chaque individu, si elle étoit égale dans tous.

C'est là le principe de force de tous les états ; de quelque manière que la politique la combine, elle n'en peut jamais obtenir qu'un effet proportionné à ce produit. C'est ainsi que la mécanique peut diriger et combiner des forces, sans pouvoir ni les créer, ni les augmenter ; et de même qu'une force produit d'autant plus d'effet qu'elle en perd moins par le frottement

des machines , de même aussi la force radi-
cale d'une nation peut produire plus d'effet
pour réagir , à proportion qu'elle est moins
contrariée et moins usée par les combinaisons
politiques ; c'est-à-dire qu'en général une nation a d'autant plus de force qu'elle est gouver-
née plus naturellement ou plus conformément
à ses goûts , à ses penchans et à sa position.

On voit donc qu'une nation qui se sent radicalement plus faible qu'une autre , doit s'u-
nir à une autre qui soit également plus faible ,
pour se prêter un appui naturel : la faiblesse
des nations est le lien naturel qui les unit pour
réagir contre les plus fortes ; et c'est en quoi
consiste en général l'équilibre des états, quoique d'inégales forces.

(117) Je considère, en quatrième lieu, une
puissance territoriale réagissant contre une
puissance industrieuse : il est clair , d'après
tout ce qu'on vient de dire , qu'elles ne peuvent se faire équilibre qu'autant que l'effort
habituel que peut opposer la première , sera
égal à tout l'effort que peut déployer la nation industrieuse par ses richesses et son crédit. Voilà pourquoi des puissances industrieuses, avec un territoire peu étendu , souvent stérile et ingrat , ont été , dans tous les

temps, capables de résister à des états territo-
riaux étendus et puissans.

Mais la différence qu'il y a, c'est qu'une
vaste puissance territoriale est appuyée sur
une base fixe et durable, sur-tout si elle est
dirigée par un gouvernement sage et solide-
ment organisé ; au lieu qu'une nation industrieuse porte, dans l'accroissement même de
sa richesse, un principe de décroissement rapide : aussi l'éclat extraordinaire dont toutes
les puissances industrieuses ont brillé sur la
terre, a toujours été de courte durée.

(118) Il reste à considérer l'emprunt dans
les nations croissantes et décroissantes. D'a-
bord, ce n'est que quand une nation industrieuse croît qu'elle peut lever des emprunts ;
et ce n'est pas au commencement de son accroissement, parce qu'alors toutes ses sources
de rente sont altérées de capitaux, et que la
rareté de l'argent et le taux élevé de sa rente
ne permettent pas d'emprunter ; mais c'est
lorsque l'argent regorge, et que les sources
de rente commencent à être saturées des capitaux qui leur sont nécessaires. Les emprunts,
à cette époque, produisent deux effets remar-
quables : d'abord ils fournissent le moyen le
plus efficace de tirer parti de l'énergie de la

nation pour l'accroissement de l'effort politique. Sans rappeler ici les inconvéniens des nouveaux impôts, que l'on compare l'étendue des ressources que fournit rapidement un emprunt, avec les rentrées lentes, pénibles et bornées de l'impôt ; on voit que le premier moyen est incomparablement préférable pour développer tout-à-coup un grand effort!

En second lieu, on objectera en vain que l'argent absorbé par les emprunts, servirait à accroître et à multiplier les sources de rente; cette difficulté n'est pas réelle pour les nations croissantes qui commencent à avoir un regorgement d'argent. On a vu comment l'accumulation successive des capitaux, en diminuant la rente de l'argent et des autres sources de rente, ralentissait l'émulation du travail, et amenait le terme de décroissement. Or, les emprunts, en absorbant le regorgement des capitaux, retardent nécessairement ce terme : ce sont des saignées salutaires qui donnent au corps de la nation une nouvelle vigueur : non-seulement l'emprunt empêche l'émulation du travail de décroître, mais il l'augmente encore, parce qu'en présentant aux individus un placement pour leurs capitaux qui surabondent, il les détermine à travailler

encore et à économiser. Ainsi l'art des emprunts est l'art de détourner pour l'effort politique la surabondance des capitaux d'une
nation, et d'entretenir ou de prolonger par
ce moyen l'émulation pour le travail.

Imaginons que les dix milliards qu'a em-
pruntés l'Angleterre pour l'accroissement de
son effort politique, se soient successivement
accumulés sur les sources de rente, et aient
servi à accroître par progression sa balance
du commerce; et supposons en même temps
que tous les individus aient conservé la même
activité et la même économie, ce qui, au
reste, est contre l'ordre des choses : cette
balance se serait accrue au point d'absorber
tous les capitaux de l'Europe; la rente de l'argent et de toutes les autres sources serait réduite à un infiniment petit, ou plutôt la nation suivrait depuis long-temps la pente de
son décroissement.

Les états consomment comme les individus; ce sont les emprunts, les impôts et la
guerre qui font l'objet de leur consommation.
Si les peuples ne consommaient pas par la
guerre, ils perdraient de leur énergie ce
qu'ils en emploient pour la faire; si les hommes n'avaient aucun besoin superflu, ils per-

draient encore de leur énergie tout ce que ces
besoins exigent; enfin, si l'homme n'avait absolument aucun besoin ni superflu, ni naturel, son énergie serait entièrement nulle ;
c'est la suite des besoins qui développe l'é-
nergie des hommes et des peuples.

(119) Tant qu'une nation est croissante et
que le regorgement des capitaux appelle les
emprunts, pourvu que ces emprunts ne
soient pas excessifs et qu'ils ne soutirent que
le trop-plein de capitaux, ils ne peuvent pas
tendre à la ruine de l'état.

Quand ils sont portés au point de modéra-
tion qui leur convient, non-seulement ils ne
tendent pas à une banqueroute, mais ils se
remboursent en quelque sorte d'eux-mêmes,
et leur remboursement réel contrarierait le
bien qu'ils font.

Pour le faire concevoir, supposons que l'état
emprunte pendant trois ans toute la balance
du commerce, et que, ses besoins cessant,
il cesse aussi d'emprunter; la nation ne paiera
de surplus d'impôt que l'intérêt de cet emprunt qu'il faut supposer à un taux très-bas, à
cause du regorgement d'argent, et la balance
du commerce sera d'abord diminuée de ce
surplus d'impôt. Mais, comme on a vu, tout

impôt diminue la consommation superflue, pour reverser cette diminution dans l'effort politique ; de plus, tout emprunt, en rehaussant la rente et offrant des débouchés aux capitaux, ranime le travail : ces deux causes empêcheront que la balance du commerce ne diminue de toute la quantité du nouvel impôt. Imaginons qu'elle ne diminue que de la moitié de cet impôt, le reste de cette balance, n'étant plus absorbé par de nouveaux emprunts, servira à accroître le produit des sources de rente. Il viendra donc un point, où le produit total de toutes les sources de rente sera augmenté de manière à compenser le surplus d'impôt qu'on avait mis pour payer l'intérêt de l'emprunt. Ainsi imaginons qu'avant l'emprunt, l'effort politique absorbait le dixième du produit de toutes les rentes, l'impôt, pour l'intérêt de l'emprunt, aura d'abord changé ce rapport : mais il viendra un point où la masse de tout l'impôt, y compris ce dernier, ne formera plus qu'une somme égale au dixième du produit total de toutes les rentes, à raison de l'augmentation qu'elles ont reçue. A cette époque l'emprunt se trouvera réellement remboursé ; parce que, quoique la nation en paie toujours l'intérêt, le rapport de l'impôt au revenu de la nation sera le même qu'auparavant. A cette époque le gouvernement pourra lever un nouvel emprunt, qui se remboursera de même d'une manière fictive par l'accroissement du produit de la rente ; puis après , un troisième , et ainsi de suite.

Ceci peut faire concevoir comment l'Angleterre n'a pas cessé d'accroître sa richesse, malgré l'accumulation de la dette énorme dont elle paraît grevée ; cette dette même annonce la quantité dont elle a augmenté sa richesse primitive. Je n'examinerai pas si sa richesse a crû dans le même rapport que l'impôt destiné à en payer l'intérêt; mais ce qu'il y a de certain, c'est que tous ses emprunts accumulés n'ont pu ni diminuer son crédit, ni altérer de capitaux ses sources de rente. L'Angleterre, comme je l'ai déjà dit, est le pays de l'Europe où la culture est la plus perfectionnée, et par conséquent où on lui a appliqué une plus grande quantité de fonds. D'après Arthur Young, les capitaux employés à l'agriculture, en Angleterre, sont à ceux qu'on y emploie en France pour le même espace de terrain, comme 94 sont à 48 ; c'est-à-dire que l'Angleterre en emploie à peu près le double ; toutes ses autres sources de rente sont également fournies de capitaux : aussi c'est le pays où les manufactures et tous les ateliers sont fournis des machines et des ustensiles les plus parfaits. Cette surabondance de capitaux annonce même que le gouvernement n'a emprunté qu'à raison des facilités qu'il a trouvées à le faire, et qu'il y a été invité par la concurrence des capitalistes : ce sont des saignées qu'il a faites à la masse de la richesse nationale et qui n'ont servi qu'à donner du ton à son énergie et à son activité. Il paraît que le gouvernement a accumulé les emprunts à peu près dans la proportion de l'accroissement de la richesse nationale; on en a la preuve par le maintien du crédit qui surnage toujours à peu près à la même hauteur par-dessus tous les emprunts qu'on ne cesse d'accumuler. Si les prêteurs n'analysent pas cette marche, au moins ils la sentent; autrement la vue de tous ces emprunts qui viennent successivement grossir la dette, aurait dû totalement détruire le crédit chez cette nation.

(120) Maintenant il est impossible que la conduite d'un gouvernement soit assez régulière pour suivre strictement, dans la levée des emprunts, le rapport de l'accroissement

de la richesse : toujours maîtrisé par les événemens, il fait ce qu'il peut et comme il peut ; souvent une guerre malheureuse force à lever des emprunts trop considérables, et à faire, dans le système de la circulation de la richesse, une saignée trop forte qui l'épuise, diminue le crédit et élève trop l'intérêt de l'argent. Mais si la nation est croissante, l'émulation du travail, qui est son principe de vie, aura bientôt réparé ses forces. Que l'état cesse d'emprunter pendant quelque temps, le regorgement d'argent renaîtra, le crédit remontera et l'intérêt de l'argent baissera ; alors le gouvernement pourra profiter de cette baisse, et lever des emprunts qu'il destinera, non pas à l'effort politique, mais à rembourser les emprunts précédens dont l'intérêt est plus fort. C'est ce que fit l'Angleterre en 1749, en recréant en quelque sorte la dette nationale, dont la rente se trouva réduite à trois pour cent : c'est ce qu'on appelle *les trois pour cent consolidés*. On voit qu'en usant successivement de ce moyen, une nation croissante peut toujours diminuer la masse de sa dette, ou plutôt en faire décroître l'intérêt de la totalité, comme décroît l'intérêt de l'argent.

(121) Enfin supposons que l'état, toujours

harcelé par des ennemis puissans, soit constamment forcé, pour se maintenir en équilibre, d'emprunter au-delà de la proportion
de l'accroissement de sa richesse, sans pouvoir diminuer sa dette par des rembourse-
mens, de manière que l'impôt, pour en payer
les intérêts, croisse plus que la richesse nationale ; voyons ce qui doit résulter de ce
dernier cas. On conçoit qu'une accumulation
d'emprunts de ce genre aboutirait à absorber
par ses intérêts le produit total de toutes les
sources de rente. Mais il faut concevoir en
même temps que le crédit diminuerait à mesure que l'on verrait les revenus de la nation
dévorés par les intérêts de la dette ; la difficulté d'emprunter croîtrait à proportion ; et
le gouvernement parviendrait à un point où
il lui serait absolument impossible de trouver
des prêteurs, avant que l'intérêt de la dette
pût absorber tout le revenu des sources de
rente.

(122) Au reste, quel que soit le terme auquel puisse arriver l'accroissement de la dette
nationale, on ne peut pas dire qu'il aboutit
nécessairement à une banqueroute ; et si le
gouvernement conserve toujours sa vigueur,
et qu'il ne permette à aucune révolution de
se

se déborder , la nation aura toujours le moyen de payer ses dettes. En effet , tant que la nation ne fait pas banqueroute, le poids de la dette pèse sur tous les individus proportionnellement à leurs richesses; et quand elle la fait , le poids de cette même dette ne retombe plus que sur les créanciers de l'état. Ainsi le gouvernement, en déclarant sa banqueroute, dit en deux mots : *La dette de l'état est trop forte pour être supportée par tous les individus qui composent la nation; il faut qu'elle soit supportée seulement par une partie :* ce qui est absurde.

Je considère ici que la totalité ou la presque totalité de la dette est due aux nationaux, parce qu'il s'agit d'une nation croissante, dont les emprunts ont dévoré l'accroissement de la richesse.

(123) Pour suivre le dernier résultat d'une dette croissante , je fais abstraction ici de la partie de l'impôt destinée aux besoins de l'état , et je considère que tout l'impôt est employé à payer les intérêts de la dette nationale. Cela posé, il est clair que l'impôt qui, par sa nature, se répartit proportionnellement sur toutes les sources de rente, atteint les créanciers de l'état comme les autres pro-

P

priétaires. Supposons donc que l'intérêt de la dette soit triple du revenu de toutes les autres sources de rente, la masse des rentiers de l'état en paiera les trois quarts; s'il était dix fois plus considérable, ils en paieraient les $\frac{9}{10}$, et ainsi de suite; et l'on voit que, plus la dette croît, plus la portion qu'en paient les créanciers est considérable; de sorte qu'ils donnent d'une main ce qu'ils reçoivent de l'autre. Dans le cas où les créanciers paient les $\frac{9}{10}$ de l'impôt, si l'état faisait banqueroute, ils ne perdraient qu'un dixième de plus, qui serait gagné par les propriétaires des autres sources de rente.

Si la dette était accrue au point que son intérêt absorbât les $\frac{9}{10}$ du produit de toutes les sources de rente, on conçoit que toutes ces sources, et par conséquent l'agriculture, se détérioreraient considérablement. Alors le parti que pourrait prendre le gouvernement, serait de faire rédimer tous les revenus des terres et des autres sources de rente de leurs impositions par des créances sur l'état: de cette manière elles finiraient par tomber pour la plus grande partie, entre les mains des créanciers de l'état; et comme alors les propriétés territoriales et toutes les autres sour-

ces de rente se trouveraient libres d'impôts ,
le gouvernement pourrait recommencer une
nouvelle période d'emprunts sans jamais faire
de banqueroute réelle.

Après cette opération , les anciens propriétaires n'auraient plus que le dixième du bien
qu'ils avaient auparavant ; mais ce dixième ,
libre d'impôt, leur rapporterait tout autant
que le bien total , chargé des $\frac{9}{10}$ de son revenu
pour l'impôt. Il est vrai que les propriétaires
qui n'auraient fait aucune épargne, n'auraient
plus que le dixième de la fortune qu'ils avaient
ou qu'avaient leurs ancêtres avant qu'on com-
mençât les emprunts ; mais cette diminution
ne viendra que de leur faute. Pour le concevoir , je considère un propriétaire sage et
prévoyant , qui , toutes les fois que le gouvernement lève un emprunt , a la précaution de
placer sur cet emprunt une somme égale à
celle qu'il devrait payer, si le gouvernement ,
au lieu d'emprunter , levait tout de suite la
somme dont il a besoin sur tous les individus ;
ce qu'il peut faire, soit en retranchant de ses dépenses , soit en augmentant son travail à proportion. Cela posé , je suppose qu'après une
suite d'emprunts accumulés , leur intérêt absorbe les $\frac{9}{10}$ de tous les revenus, le sage pro-

priétaire paiera à la vérité les $\frac{7}{10}$ de la rente
de son bien ; mais d'un autre côté il recevra ,
comme créancier de l'état , la valeur de ces
$\frac{7}{10}$: ainsi son revenu effectif sera le même
qu'il était au commencement de la levée des
emprunts. Or , maintenant il lui est indifférent
que la nation fasse banqueroute , ou qu'elle ne
la fasse pas : dans le premier cas , il perdra sa
créance sur l'état , mais son bien sera dégrevé
d'un impôt égal à cette créance. Ainsi l'on
voit que la charge des emprunts ne diminue
les propriétés que de ceux qui n'ont pas fourni
leur quote-part du travail renfermé dans l'emprunt : on peut donc dire qu'un emprunt
n'est autre chose *qu'un impôt levé sur les capitalistes , à la charge de les rembourser, ou
sur le travail, ou sur les sources de rente de
tous les individus.*

C'est ce que l'ordre des choses amène toujours , lorsqu'il n'est pas troublé par les guerres
ou les révolutions. On ne peut pas objecter
contre ce que je dis , que l'emprunt lève un
impôt au-dessus des forces des contribuables.
Je sais bien qu'il y en a qui sont dans l'impossibilité de faire aucune réserve , et qui sont
forcés de voir décroître leur revenu; mais ,
sans emprunt et sans impôt , le même incon-

vénient arrive à une foule d'individus.
Toutes les fois que le gouvernement lève un
emprunt , ceux qui le fournissent ont fait
d'avance , en quelque sorte , cette réserve
économique dont je viens de parler : ainsi
l'emprunt , par sa nature , invite à l'économie
et au travail, et a encore la propriété d'en soutirer le produit pour l'effort politique , d'une
manière prompte , douce , facile et exempte
de tous les inconvéniens attachés à l'impôt.

(124) Mais tout ceci , je le répète , ne convient qu'à une nation active et croissante. Il
reste à parler des emprunts chez une nation
inerte et décroissante. Les effets qu'ils produisent sont diamétralement opposés à ceux
qu'ils produisent chez une nation croissante.

1°. Chez une nation croissante , mais qui
commence son accroissement , les sources
sont altérées de capitaux, l'argent est rare ,
son intérêt est élevé , et le gouvernement ne
trouve pas à emprunter. Au contraire , chez
une nation décroissante , mais dont le décroissement commence , l'argent surabonde ,
et le gouvernement a les plus grandes facilités d'emprunter.

2°. A proportion que l'activité d'une nation croissante amène des capitaux surabon-

dans , l'intérêt de l'argent baisse , et la facilité d'emprunter croît. Au contraire , à proportion que la nation inerte décline sur la
pente de son décroissement , les capitaux appliqués aux sources de rente se raréfient de
plus en plus , l'intérêt de l'argent augmente ,
et les emprunts deviennent de plus en plus
difficiles.

3°. Chez une nation croissante , l'intérêt
de l'argent , allant toujours en décroissant ,
permet à la nation de recréer sa dette en en
diminuant l'intérêt. Au contraire , chez une
nation qui décroît , l'intérêt des dettes pré-
cédentes est toujours moindre que l'intérêt de
l'argent présent.

C'est chez une nation décroissante que les
impôts extraordinaires , au lieu d'être réduits
en emprunts , doivent être convertis en taxes
sur les objets de luxe, parce que l'émulation
de la dépense n'empêche pas d'acheter un objet quand il est devenu plus cher. Comme ces
impôts n'ont pas ordinairement le temps de
se mettre en équilibre , ils ne produisent que
ce premier effet pendant la plus grande partie
de leur durée; c'est-à-dire qu'ils ont pour but
direct d'atteindre le travail improductif et
la consommation du luxe.

CONCLUSION.

J E résume en peu de mots ce qui fait l'objet de cet Ouvrage.

Rien n'a de valeur parmi les hommes que par le travail : c'est l'accumulation du travail superflu qui a formé toutes les sources de rente. Elles forment toutes, par leur ensemble, un système immense de ramifications qui aboutissent à trois principaux troncs, qui sont les trois espèces de sources de rente ; savoir, la rente foncière, la rente mobilière et la rente industrielle. Le produit du travail circule dans tous les canaux de ce système de ramifications, comme un fluide, en se mettant par-tout en équilibre. Chaque vaisseau qui fait circuler le produit du travail, est accompagné d'un vaisseau analogue, qui fait circuler l'argent dans un sens contraire ; et le système de la circulation de l'argent et du travail, pris dans leur ensemble, ressemble à la circulation du sang. C'est à la circulation du sang que l'homme doit toute son existence physique ; et c'est à la circulation du travail qu'il doit toute son existence travaillée.

La tendance qu'ont tous les individus à rechercher toujours leur plus grand avantage, est le principe de l'équilibre de toutes les sources de rente. C'est l'opposition réciproque des divers intérêts entre les acheteurs et les vendeurs, qui détermine le prix de toute espèce de travail, et le rapport du produit de toutes les rentes, aux capitaux qui ont servi à les créer. Les intérêts opposés de tous les individus maintiennent l'équibre dans tout le système général de la circulation, de la même manière que les résistances opposées et égales de toutes les colonnes infiniment petites d'une masse de fluide, les maintiennent toutes au même niveau. C'est cette même imposition d'intérêts qui répartit l'impôt proportionnellement dans tous les canaux de la circulation, en quelque endroit que le gouvernement le puise ; de même que l'eau vient toujours aboutir dans le vide que l'on fait en la puisant, et que toute la masse participe à la baisse du niveau qui en résulte.

Tous les canaux de la circulation générale se

communiquent par-tout, et ne font, du globe commerçant, qu'un seul tout qui participe à la loi de l'équilibre. Aucune puissance n'en peut empêcher l'effet : toutes les loix prohibitives des états ressemblent à des digues qui arrêtent un instant le cours de l'eau ; mais elle le reprend bientôt après, et il n'en résulte aucun avantage pour la circulation du travail, qu'on peut comparer à un fleuve qui fournit toujours, dans un temps donné, la même quantité d'eau, de quelque manière que l'art ou la nature aient modifié son lit, soit qu'il roule lentement ses flots dans un lit profond ou derrière les digues qu'on lui oppose, soit qu'il s'étende sur une large surface, soit enfin que ses eaux coulent rapidement dans un lit étroit. Ainsi les loix de l'équilibre, dans le système général de la circulation, sont les mêmes que les loix de l'équilibre des fluides.

Toute nouvelle loi prohibitive, toute perception de nouvel impôt, enfin toute cause qui trouble l'équilibre ou le niveau général de la circulation, produit son effet le plus sensible à l'extrémité des branches ; c'est-à-dire que tout le désordre qui en résulte, tombe principalement sur le malheureux, d'où l'on voit que tout impôt ne devient bon que par sa vétusté; et toute loi qui dérange l'équilibre, ne fait que du mal qui dure jusqu'au rétablissement de l'équilibre, après quoi la loi est inutile.

L'énergie de l'homme est le mobile qui met en jeu toute la circulation du travail; et c'est le besoin qui développe et anime l'énergie. La richesse d'une nation est toujours en raison de cette énergie, lorsqu'elle est dirigée vers le travail.

L'émulation du travail que l'énergie fait naître, produit deux effets différens : considérée dans les individus d'une même nation, elle aboutit toujours à un terme où elle fait place à l'émulation de la dépense ; les jouissances l'énervent et la détruisent : de-là les différentes familles qui composent une nation, croissent, puis décroissent. La différence d'énergie, considérée dans deux nations différentes, a pour but d'enrichir la nation la plus industrieuse, aux dépens de celles qui le sont moins ou qui décroissent : chez elle, les capitaux s'accumulent sur les sources de rente, et, par leur regorgement toujours croissant, amènent aussi le terme où la nation doit décroître, comme elle a cru.

L'intérêt particulier des différens individus, les tient en opposition réciproque les uns respectivement aux autres ; pareillement les intérêts des différentes nations les tient en opposition entr'elles. La force des loix maintient les individus en équilibre, et les empêche de se heurter. Il n'en est pas de même des nations entr'elles ; elles réagissent et se combattent, et la paix n'est que l'équilibre de leurs forces opposées et égales : de-là il est nécessaire qu'elles consomment une partie du travail des individus, pour constituer l'effort politique ; de-là enfin la nécessité de l'impôt. Les gouvernemens, forcés de réagir avec tout l'effort dont ils sont capables, ont été amenés à avoir recours aux emprunts, toutes les fois qu'ils ont pu le faire ; moyen qui n'est praticable qu'à une nation croissante, et dont l'emploi et l'extension varient selon la circonstance.

F I N.

TABLE
DES CHAPITRES

Contenus dans ce Volume.

———

FIN DE LA TABLE DES CHAPITRES.

www.ingramcontent.com/pod-product-compliance
Lightning Source LLC
Chambersburg PA
CBHW071652200326
41519CB00012BA/2491